复旦大学韩国研究丛书

中文社会科学引文索引（CSSCI）来源集刊
中国学术期刊综合评价数据库（CNKI）来源集刊
万方数据（WANFANG DATA）来源集刊

复旦大学韩国研究中心 编

韩国研究论丛

CHINESE JOURNAL OF KOREAN STUDIES

总第三十七辑

（2019年第一辑）

社会科学文献出版社
SOCIAL SCIENCES ACADEMIC PRESS (CHINA)

This Publication was supported by the Academy
of Korean Studies Grant（AKS – 2019 – P01）

目录
CONTENTS

历史与政治

通过燕行史料看 18 世纪朝鲜对清观的转变 ……………… 陈冰冰 / 3

明清鼎革期朝鲜的明朝塘报搜集与应对 ……………… 丁晨楠 / 17

书籍与外交：从朝鲜活字本《藏园诗钞》看晚清中朝外交

……………………………………………… 罗　琴 / 29

朝鲜王朝《英祖实录》纂修考 ……………………… 张光宇 / 45

熊津百济初创期的合法性诉求及其运作 ……………… 李　磊 / 61

文学与文化

抗战语境下中韩文人的相互交流与身份认同

…………………………………… 牛林杰　李冬梅 / 79

论韩日古代文学交流的方式与特点

——以韩国诗话为中心 ……………… 朴哲希　马金科 / 91

火车与文学现代性的生成

——以日本、韩国的近代文学为例……………… 朱一飞 / 106

竹林七贤与海左七贤诗歌内容比较研究

    ——以嵇康与李仁老作品为中心 ………… 金　晶　崔玲愿／121

近期韩国学者对蜀汉历史文化题材的研究评述

    ………………………………………… 王冠蒽　李晓丽／134

社会与民俗

"送穷"与"送痘神"：中韩两国民间风俗小考

    ——以韩愈《送穷文》与朝鲜文人的《送痘神文》为例

    ………………………………………… 〔韩〕金美罗／149

东亚通交中的译语人考述 ……………… 陈建红　苗　威／166

CONTENTS

History and Culture

The Research on the Joseon Dynasty's View on the Qing

    Dynasty in 18th Century by Yeon-haeng Record *Chen Bingbing* / 3

Chosŏn's Collection and Utilization of Tangbao during the

    Ming-Qing Transition   *Ding Chennan* / 17

Books and Diplomacy: A Study about the Late Qing

    Dynasty and Korea's Diplomatic Relationship Through

    CangYuan Poems which was a Korea Wooden Type   *Luo Qin* / 29

The Compilation of *Annals of King Yeongjo* in Joseon Dynasty

                                     Zhang Guangyu / 45

The Legitimate Appeal and Its Operation in the Start-up

    Stage of Ungjin Baekje   *Li Lei* / 61

Literature and Culture

On Direct Communication and Common Identity of

    Chinese and Korean Literati in the Context of

    Anti-Japanese War   *Niu Linjie*, *Li Dongmei* / 79

On the Ways and Features of the Exchange of Ancient

Literature between Korea and Japan

—*Centered on Korean Poetry Talks*　　　*Piao Zhexi*, *Ma Jinke* / 91

Train and the Generation of Literary Modernity

—*Taking Japanese and Korean Contemporary Literature as Examples*

Zhu Yifei / 106

Research on the Differences between the Poems of Seven Sages

of the Bamboo Grove and the Poems of Seven Sages of Haizuo

—*Focused on the Contrast between Poems of*

Jikang and Poems of Lirenlao　　　*Jin Jing*, *Cui Lingyuan* / 121

Review on the Recently Studies of History and Culture of Shu-han

by Korean Scholars　　　*Wang Guan-en*, *Li Xiaoli* / 134

Society and Folklore

"Cast out Poverty" and "Cast out the God of Smallpox":

A Brief Comparison of Folk Customs in China and Korea

—*Take Hanyu's* "*SongQiongWen*" *and*

Korean Literati's "*SongDuShinMun*"

as Examples　　　　　　　　　　　　　　*Kim Mira* / 149

A Study of Translators in East Asia Regional Exchanges

Chen Jianhong, *Miao Wei* / 166

历史与政治

通过燕行史料看18世纪朝鲜对清观的转变[*]

陈冰冰

【内容提要】 清朝为了稳定自己的统治，加强与周边邻国的外交关系，对朝鲜实行友好外交政策。清朝的厚施恩典，以及日益稳固的统治地位和繁荣发展的社会经济，让朝鲜的对清观也开始逐渐地发生转变。本文通过朝鲜燕行史料，具体了解18世纪清朝与朝鲜之间的外交关系，朝鲜对清观的转变，以及朝鲜北学派"新华夷观"的形成与发展。

【关键词】 18世纪　燕行录　对清观　中朝关系

【作者简介】 陈冰冰，文学博士，北京第二外国语学院教授。

一　前言

1637年"丙子之役"之后，朝鲜向清太宗皇太极俯首称臣，两国确立了以朝贡体系为主的宗藩关系，朝鲜正式成为清朝的藩属国。朝鲜虽然在军事上、政治上臣服于清朝，但在内心将清视为"夷"，并且这种文化认同持续了上百年。而清朝在政治上的稳定与经济上的繁荣，以及对朝鲜的不断施恩，让朝鲜对清朝的态度与认识逐渐发生转变。尤其是到了18世纪，康乾

---

* 本文为国家社科基金项目"韩国古代文学中的庄子接受研究"（项目号：15CWW013）和北京市社科基金项目《热河日记》中的清代京畿文化研究"（项目号：16WXC019）的阶段性成果。

盛世实现了政治上的"大一统"，以及社会的稳定和经济的繁荣，这些给邻国朝鲜带来了强烈的震撼；而"北学派"的出现，则为朝鲜对清观的转变提供了新的契机。

清朝的繁荣吸引着大量的朝鲜学者，他们频繁出使中国，并将在中国的见闻感悟，以及与中国官员、学者之间的交流记录、整理成册，史称"燕行录"。与官方所撰写的史书相比，燕行录作品在形式上更为灵活，内容上也更为丰富。18 世纪最具代表性的燕行录作品包括金昌业的《老稼斋燕行日记》（1712）、洪大容的《湛轩燕记》（1766）、朴齐家的《北学议》（1778）、李德懋的《青庄馆全书》（1778）、朴趾源的《热河日记》（1780）等。通过对燕行录等域外汉学资料的研究，一方面可以与中国史料互相补充、印证，另一方面也可以让国内学术界进一步了解域外汉学界对中国社会的认识与研究，以更加开阔的学术视野展开对中国古代社会及传统文化的研究与探索。

二 清对朝鲜的友好政策

清统治者在入关以前，主要通过武力来维护自身的统治。1636 年"丙子战争"爆发，皇太极亲自率领大军征讨朝鲜，朝鲜战败，最终承认了与清的宗藩关系。1644 年，清人入关以后，采取远交近攻、睦邻友好的和平外交政策，为自己的发展谋取了一个良好的周边环境。清政府逐渐放宽了对朝鲜的限制，采取军事打击和政治拉拢相结合的手段，推行"抚藩字小"的外交政策。而到了 17 世纪后半期，清政府的统治地位基本稳固，对朝鲜的态度又从"恩威并施"，变成以"恩"为主，采取"厚往薄来"的外交策略。

康熙中期，随着"三藩之乱"的平定、台湾势力的扫除以及与沙俄北方边界问题的解决等，清政府终于实现了大一统的局面，对周边各国则继续推行和平外交政策。康熙年间设驻城守尉，专门负责办理朝鲜使臣出入的事宜。另外，清朝政府还不断地减免朝鲜岁贡，乾隆即位时下谕："谕朝鲜感戴我朝之恩，虔修贡职，甚为恭敬。凡大臣官员之差往彼国者，向有馈送旧例。朕以厚往薄来为念，着从此次诏使始，凡馈送白金仪物等项，悉按旧裁减一半。"①

此后，朝鲜每年出使中国的次数虽不断减少，但使团人员的阵容却比较庞大，各类马头、左牵马、引路、厨子等在其中占有较大比重。燕行录作品中很少有关于这类人的记载，唯有朴趾源的《热河日记》对这些人员做了相关记述："大抵义州刷驱辈太半歹人，专以燕行资生，年年赴行如履门庭。湾府所以给资者，不过人给六十卷白纸。百余刷驱，除非沿道偷窃，无以往返。自渡江以后，不洗面、不裹巾，头发蓬松，尘汗相凝，栉风沐雨，衣笠破坏，非鬼非人，尴尬可笑。此辈中有十五岁童子，已三次出入，初至九连城，颇爱其妍好，未到半程，烈日焦面，缁尘锈肌，只有两孔白眼，单袴弊落，两臀全露，此童如此，则他又无足道也。"②

通过这段记载，我们可以了解到当时使团的随行人员中大部分是义州的贫民，他们把出入燕京当成一种生计，每年多次随从使团出入中国。不仅如此，随行人员中一位仅仅 15 岁的孩子就已经三次出使燕京，由此可见，当时清政府对朝鲜使团的管制比较宽松，对随行人员并无特别的限制。《热河日记》中另有一处记载了与之相类似的内容："戴宗遥指一所大庄院曰：'此通官徐宗孟家也，皇城亦有家，更胜于此。宗孟贪婪，多不法，吮朝鲜膏血，大致富厚。既老，为礼部所觉，家之在皇城者被籍而此犹存。'又指一所曰：'双林家也。'其对门曰：'文通官家也。'舌本浏利，如诵熟文。戴宗，宣川人也，已六七入燕云。"③ 这里所提到的戴宗只不过是一个小小的马头，而他却能以此身份出入中国达六七次之多。清朝政府不仅对出使中国的朝鲜官员的限制大大减少，对随行人员也没有过多的限制。通过《热河日记》中的记载，我们还可以了解到当时有很多朝鲜人长期生活在中国，他们靠通官的身份积累了大量的财富，跻身于富者的行列，甚至在北京也能找到他们的府宅。他们之所以会如此富有，正是因为当时有大量的朝鲜人往来于中国，对通官需求的激增为其带来了巨大的收益。

清朝政府还给予朝鲜使臣很多优厚政策，入关前的控制虽然很严格，但

---

① 《钦定大清会典则例》卷 94，"奉"，影印古籍：https：//sou - yun. com/eBookIndex. aspx? id = 278。

② 〔朝鲜〕朴趾源著，朱瑞平校点：《热河日记》卷 2《驲汛随笔》，上海书店出版社，1997，第 75 页。

③ 〔朝鲜〕朴趾源著，朱瑞平校点：《热河日记》卷 1《渡江录》，第 13 ~ 14 页。

是入关以后却赋予他们极大的特权。除公事以外，朝鲜使臣们甚至可以以私人身份接触中国的官员和学者，在中国境内自由出行。特别是康熙以后，清政府对门禁的管理更加松散，朝鲜使团可以自由地出入官舍，或带领随从人员出外游玩。燕行使洪大容在《湛轩书》中详细记载了当时的门禁情况："贡使入燕，自皇明时已有门禁，不得擅出游观，为使者呈文以请或许之，终不能无间也，清主中国以来，弭兵属耳，恫疑未已，禁之益严。至康熙末年，天下已安，谓东方不足忧，禁防少解，然游观犹托汲水行，无敢公然出入也。数十年来，升平已久，法令渐疏，出入者几无间也，但贡使之子弟从者，每耽于游观，多不择禁地，衙门诸官，虑其生事，持其法而操纵之，则为子弟者倚父兄之势，呵叱诸译，以开出入之路，诸译内逼子弟之怒，外惧衙门之威，不得已以公用银货行赂于衙门，以此贡使之率子弟行者，诸译心忌畏之如敌雠，凡系游观务为秘讳，如山僧厌客而匿其名胜也。"① 当时在中国境内虽然仍在实行门禁，但是对于朝鲜使臣来说却形同虚设，清朝的官员给予了他们极大的特权，让他们可以自由地出入禁地。洪大容记载道："乌林哺徐宗显笑曰：'门禁虽严，宁禁公子出乎？'乃扶余至门送之曰：'两通官奉送，谁能禁之。'余亦笑而出，见门外甲军列坐，自诸译以下无一人出者，是后门禁累日不解，余独恣意来往也"② 亦是其例。

此外，清朝政府还加大了对朝鲜的赏赐力度。洪大容在《湛轩书》中详细记载了清朝政府每日给留馆使行人员的供给，并指出："自通州至凤城，每站给米肉，其来往之费，亦不下此数，其礼单赏赐银缎诸种，其费又倍蓰也。"③ 而到了乾隆帝时期，清朝政府对朝鲜使臣提供的待遇就更加优厚了。乾隆四十八年（1783）冬至，朝鲜谦谢恩正使郑存谦、副使洪良浩就受到了乾隆帝的特别礼遇。乾隆帝在接见这些使臣时，把他们安置在"王公之下，百官之上"的重要位置，还将他们"引至御榻，馈以御酒"，连朝鲜使臣自己都感慨"今番恩数之隆异，前所未有"。④ 同时，清朝政府

---

① 〔朝鲜〕洪大容：《湛轩书·外集》卷 7《衙门诸官》，平壤：朝鲜社会科学院出版社，1965，第 309 页。
② 〔朝鲜〕洪大容：《湛轩书·外集》卷 7《衙门诸官》，第 310 页。
③ 〔朝鲜〕洪大容：《湛轩书·外集》卷 10《留馆下程》，第 406 页。
④ 韩国国史编纂委员会编刊：《朝鲜正祖实录》卷 15，正祖七年二月二十七日。本文所引《朝鲜王朝实录》均出自 http://sillok.history.go.kr/main/main.do。

还给予使团人员丰厚的物质馈赠。朴趾源在《热河日记》中有这样的一段叙述："今此使行，所持方物，不过纸席，而中国赐赉供给留馆员役，常费十余万云。比诸清初，可谓反为贻弊中国。"① 仅留馆人员的费用就高达十余万两，可见朝鲜使臣在中国享受的物质方面的待遇极为丰厚。

清朝的官员对朝鲜使臣的友好态度也是前所未有的。《热河日记》中曾经记载，为了保证朝鲜使团顺利渡河，清朝提督和礼部郎中亲自下马指挥，一切以朝鲜使团为先。就连使团中身份低贱的随行人员也享受到了优厚待遇：使团中的一位马夫在渡河时不小心被马蹄铁弄伤了脚，看到此情景，"提督下马慰劳，因守坐，雇过去车为载之来。昨日口味苦，不能食，提督亲为劝食。今日提督自乘其车，以所骑骡授之……"② 作为会同四译官礼部精撰司郎正四品中宪大夫的清朝提督，竟然毫不在意对方的身份，亲自给他喂饭，并且还让出了自己的坐骑。虽然接待朝鲜使团是清朝官员的职责，但是他们能够做到如此体贴入微，着实令人感慨。朝鲜使臣也不断感叹，清朝政府给予他们的优待是之前任何朝代都不曾给过的。

三　朝鲜对清观的转变

明朝灭亡之后，朝鲜表面上向清行事大之礼，但始终视清朝为"夷狄之国为不正"，对明朝的"事大观"转变为对清朝的"华夷观"。③ 对于取代明朝的清政府，朝鲜统治者及臣民最初都抱着敌对的态度。1637年皇太极第二次入侵朝鲜，史称"丙子之役"。朝鲜被迫求和，并签订了屈辱的"城下之盟"。此后朝鲜开始改奉清朝为宗主国，正式建立了封建宗藩关系。然而朝鲜内心却坚信"胡无百年之运"。

朝鲜君臣对清长期带有敌对的情绪，他们以反清复明为己任，提倡北伐。为了北伐，朝鲜在孝宗时期还曾扩军备战，驻汉城的御营厅军由7000人增加到21000人，但由于财政困难最终未能实现。④ 当时很多燕行使臣也

① 〔朝鲜〕朴趾源著，朱瑞平校点：《热河日记》卷5《铜兰涉笔》，第357页。
② 〔朝鲜〕朴趾源著，朱瑞平校点：《热河日记》卷2《漠北行程录》，第123页。
③ 陈尚胜：《朝鲜王朝（1392—1910）对华观的演变》，山东大学出版社，1999，第279页。
④ 〔韩〕姜万吉：《韩国近代史》，贺剑城、周四川、杨永骝、刘渤译，东方出版社，1993，第61页。

对清持敌对的态度，他们燕行汇报的重点是描述清朝政府的奢侈糜烂和腐化堕落，甚至将清朝的皇帝妖魔化，把他们描述成丑陋、暴戾的昏君。朝鲜燕行使臣闵鼎重于 1669 年出使清朝，他的燕行日记中有一段关于康熙帝的描述："清主身长不过中人，两眼浮胞，深睛细小无彩，颧骨微露，颊瘠颐尖，其出入辄于黄屋中回望我国使臣之列，性躁急，多暴怒，以察为明，惩辅政诸臣专权植党之患。"此即其例。①

17 世纪，朝鲜尚未从"丙子之乱"和"城下之约"的阴影中走出，在他们眼中，清朝不过是夷狄统治的野蛮政府。朝鲜受中国文化的影响，始终奉行儒家礼义和儒家文化，他们将儒家礼义作为判定"华"和"夷"的标准。清人起于建州女真，本就是夷狄，所以"虽以元、清之入主中国，混一区宇者，不可与正统。虽强如符坚、盛如德光，不可与之以中国之礼……至若元、清两虏，盗窃神州，据所非据，薙天下之发，左天下之衽，驱尧舜三代之民于腥膻之中，天地之所不容，神人之所共诛也，岂容以进于中国而中国之乎！"② 朝鲜表面对清朝行事大之礼，外交文书中称其"大清"，内心却一直视清为夷，私下及内部文书中往往以"胡""夷"等字眼称之。康熙三十六年（1697），朝鲜遭遇饥荒，清政府从"扶藩字小"的立场出发，准许给予朝鲜一定的物资支持，而朝鲜大臣则认为接受清的这种恩赐与"春秋大义"不符，亦与"义理"不合。

清朝政府一方面继续向朝鲜实施一系列优待和礼遇政策，另一方面励精图治，在政治、经济、文化各方面都实现了繁荣昌盛。清朝入主中原以来实施了一系列的改革，经过了一百多年，中原已经相当富强繁荣，成为周边各国效仿学习的对象。与此同时，朝鲜社会却发展缓慢，财政困难，无法实施北伐。清朝不仅没有应验"胡无百年之运"的预言，并且于康熙二十二年（1683）统一台湾，"消除了中、朝、日三国关系的不稳定因素，作为实际行动纲领的北伐计划寿终正寝"。③ 清的逐渐强大给邻国朝鲜带来了强烈的

① 〔朝鲜〕闵鼎重：《老峰先生集》卷 10《闻见别录》，首尔：韩国景仁文化社，1991，第 422 页。
② 〔朝鲜〕洪直弼：《梅山先生文集》卷 23《答李在庆（壬辰元月）》，《影印标点韩国文集丛刊》，首尔：韩国民族文化促进会，2003，第 295 册，第 554 页。
③ 王小甫、徐万民等：《中韩关系史·古代卷》（第 2 版），社会科学文献出版社，2014，第 313 页。

震撼，朝鲜社会不得不对清进行重新认识，对清的态度也开始慢慢地发生转变。可以说，清鲜之间的关系在经过了顺康时期的调适与磨合之后，到了乾隆时期才真正缓和，并随之步入了稳定的发展时期。

朝鲜对清政治立场的转变是从朝鲜英祖开始的。英祖十四年（1738），朝鲜领议政李光佐曾提出，"清人虽是胡种，凡事极为文明。典章文翰，皆如皇明时，但国俗之简易稍异矣"。① 此时的燕行使臣在整理燕行报告时也更为客观，还会有一些对清朝皇帝的赞誉之词。乾隆四年（1739），副使徐宗玉向朝鲜国王报告："乾隆行宽大之策。以求言诏观之，以不论寡躬阙失、大臣是非，至于罪台谏，可谓贤君矣。"② 这里可以看出朝鲜使臣对乾隆帝的敬慕之情，朝鲜对清朝态度已发生明显的好转。康熙五十一年（1712），朝鲜大臣金昌业出使中国，其在入京之前对清朝的认识主要依据前人的燕行笔记，所见大部分都是比较负面的评价，如"旧闻皇帝于畅春苑，作离宫十五处，贮以北京及十四省美女，宫室制度及衣服饮食器皿，皆从其地风俗，而皇帝沉湎其中"。③ 而来到中国之后，通过自己的亲身体验，他逐渐改变了之前对清朝的错误认识："今来见之，与所闻大异。……虽有池台园林，而终俭素耳。"④ 在金昌业看来，清朝并没有像之前所听闻的奢靡成风，皇帝也并非荒淫无度，所到之处皆是秩序井然，节俭质朴。金昌业还专门对康熙帝的外貌特征进行了描述："皇帝向西盘膝而坐，广额，颔稍杀，髯犯颊而斑白，雌雄眼，神气清明。其衣帽皆黑，与凡胡无异。"⑤ 虽仍然以"胡"相称，金昌业对康熙帝的描述与之前闵鼎重的记述相比更显客观，而后来的燕行作品中所记载的清朝皇帝则多为正面的理想化形象，如李德懋在《入燕记》中将乾隆帝的形象描述为："面白皙，甚肥泽，无皱纹，须髯亦不甚白，发光闪烁云。"⑥ 朴趾源也在《热河日记》中记载了乾隆帝的容貌："皇帝方面白晰而微带黄气，须髯半白，貌若六十岁，蔼然有

① 韩国国史编纂委员会编刊：《朝鲜英祖实录》卷 47，英祖十四年二月二十四日。
② 韩国国史编纂委员会编刊：《朝鲜英祖实录》卷 49，英祖十五年七月十八日。
③ 〔朝鲜〕金昌业：《老稼斋燕行日记》卷 4，癸巳年二月七日，首尔：韩国民族文化促进会，1989，第 99 页。
④ 〔朝鲜〕金昌业：《老稼斋燕行日记》卷 4，癸巳年一月二十五日，第 89 页。
⑤ 〔朝鲜〕金昌业：《老稼斋燕行日记》卷 4，癸巳年二月六日，第 98 页。
⑥ 〔朝鲜〕李德懋：《青庄馆全书》卷 67《入燕记》，首尔：韩国民族文化促进会，1986，第 99 页。

春风和气。"① 此时，燕行使臣对清朝皇帝的评价都是较为客观的。乾隆帝当时已是古稀之年，但从"发光闪烁""蔼然有春风和气"等词汇的描述中可以看出，此时的燕行使臣已经摆脱了初期的成见，对清的认识也更加客观。

清朝政府不仅对朝鲜奉行"抚藩字小""厚往薄来"的外交政策，在历经百年的发展之后，对亡明的态度也在逐渐地发生改变，尤其是对明朝忠臣较为客观的态度和评价，不仅得到国人的认可，也让朝鲜学者们大为赞赏。朴趾源在《热河日记》中记录了清乾隆帝"崇奖忠贞"的做法。乾隆四十年（1775）发表上谕："崇奖忠贞，所以树风教，励臣节。然自昔嬗代，凡胜国死事之臣，罕有录与易名。惟我世祖章皇帝定鼎之初，崇祯之末殉难之臣，太学士范景文等二十人，特恩赐谥。……又如刘宗周、黄道周等，立朝謇谔，抵触金壬，及遭际时艰，临危授命，足为一代之完人，为褒扬所当及。"② 史可法、刘宗周、黄道周等均是在清入关后为捍卫南明政权献身的明朝官员，对他们，乾隆帝给予了极大的称赞，不仅恢复了他们的名誉，还给予谥号。而针对以钱谦益为首的投降派则进行贬斥："至若钱谦益之自诩清流，腼颜降附；金堡、屈大均辈幸生畏死，诡托缁徒，均属丧心无耻。若辈果能死节，今日亦当在予表旌之列。乃既不能舍命，而犹假言语文字，以自图掩饰其偷生，是必当明斥其进退无据之非，以隐殛其冥漠不灵之魂。一褒一贬，衮钺昭然，使天下万世共知朕意，准情理而公好恶"。③ 对忠臣的褒，对投降派的贬，使朝鲜的君臣对清帝非常钦佩。当然，乾隆帝之所以采取这些做法，一方面是为了维护儒家正统的忠贞观念，同时也起到了安抚明朝后裔的效果。至此，朝鲜不仅可以继续感恩于明朝的"再造之恩"，开展一些祭祀活动，同时也进一步转变了对清的态度，开始从被迫臣服转变为诚心事大。

道光帝在位期间继续沿袭清朝前代皇帝对朝鲜实行的"抚藩字小"的外交政策，进一步稳定两国之间的关系。道光五年（1825），朝鲜冬至正使在清病故，礼部查例具奏："元赏外加赏银三百两交来，使带回给该正使家属，以示皇上体恤远人有加无已之意云。"④ 清朝政府对朝鲜使臣给予优厚

---

① 〔朝鲜〕朴趾源著，朱瑞平校点：《热河日记》卷 2《太学留馆录》，第 138 页。
② 〔朝鲜〕朴趾源著，朱瑞平校点：《热河日记》卷 5《铜兰涉笔》，第 360 页。
③ 〔朝鲜〕朴趾源著，朱瑞平校点：《热河日记》卷 5《铜兰涉笔》，第 361 页。
④ 韩国国史编纂委员会编刊：《朝鲜纯祖实录》卷 27，纯祖二十五年二月二十三日。

的礼遇，而对朝鲜的内部事务也一如既往地实行不干涉政策。对于朝鲜，清朝政府始终沿袭历来的传统宗藩关系，两国保持了稳定和谐的外交关系，这种局面一直持续到 19 世纪 60 年代。

四　北学派的新华夷观

随着清朝社会的繁荣发展，清朝的社会文化对朝鲜社会的发展产生了很大的影响和推动作用。尤其是到了朝鲜朝后期，从中国传来的朱子理学已背驰了原本的发展方向，成为束缚人们思想的桎梏；而此时的中国则进入了思想文化全面发展时期，尤其实学也发展到鼎盛阶段，这给朝鲜学者带来了巨大的冲击。朝鲜的进步学者们开始寻求解决社会问题、进行社会改革的方案，以洪大容、朴趾源、朴齐家等为代表的北学派应运而生，提出了学习清朝先进的思想文化和科学技术的主张。朝鲜北学派学者大多以朝鲜使臣或随行人员的身份出使过中国，切身体会到中国社会的繁荣发展，并清楚地认识到朝鲜与中国之间存在的差距，他们将清朝的进步文化传入朝鲜，提倡要学习清朝先进的文化和科学技术。中国之行成为他们思想转变的契机，也使他们最终确定了北学中国的决心。北学思想的确立对朝鲜后期的社会改革起到了很大的推动作用。

北学者们从现实出发，批判朝鲜社会传统的"华夷观"以及不断地膨胀的小中华意识。对于华与夷关系的认识，在中国亦经历了几百年的争辩。华夷之辩的主流是以文化和礼仪为标准，唐人韩愈就曾指出："孔子之作《春秋》也，诸侯用夷礼，则夷之；进于中国，则中国之。"① 华与夷之间可以相互转变、融合，最终实现文化的统一。

1765 年冬，洪大容随朝鲜使团来到中国，结识了清朝著名学者严诚、潘庭筠和陆飞等，即使在回国后也继续与他们保持着书信往来，这样广泛而深入的交流让洪大容对清朝的认识发生了根本性的转变。他以"天圆地方"为依据，认为"中国之于西洋，经度之差，至于一百八十。中国之人，以中国为正界，以西洋为倒界；西洋之人，以西洋为正界，以中国为倒界。其

---

① （唐）韩愈：《韩昌黎全集》卷 11《原道》，中国书店，1991，第 174 页。

实戴天履地，随界皆然，无横无倒，均是正界"①。洪大容将世界看成一个多元体，将中国看成世界中的一部分，这就从根本上动摇了北伐派"华夷观"的思想根基。同时，洪大容还进一步指出："天之所生，地之所养，凡有血气，均是人也。出类拔华，制治一方，均是君王也。重门深濠，谨守封疆，均是邦国也。章甫委貌，文身雕题，均是习俗也。自天视之，岂有内外之分哉？是以各亲其人，各尊其君，各守其国，各安其俗，华夷一也！"②洪大容接受西方的宇宙无限论，同时否定以中国为世界中心的华夷观，提出了"华夷一也"的新思想。这是对传统华夷观的根本否定，实现了从"尊华攘夷"到"华夷一也"的思想飞跃。

洪大容在《湛轩书》中还详细记载了清朝社会的繁盛景象，通过康乾盛世的事实论证了"夷"与"华"之间的可互换性，即夷狄通过自身的学习与努力同样也可以掌握中原的先进文化，而中原的千年文明如果只停留于历史之中，最终也必将会被夷狄所淘汰。"清主中国，尽有明朝旧地，西北至甘肃，西南至缅甸，东有瓦喇，船厂又其发迹之地。而在明朝一统之外，则幅员之广甲于历朝。藩夷之服贡者，琉球间岁一至，安南六岁再至，暹罗三岁，苏禄五岁，南掌十岁一至。西洋、缅甸贡献无常期，蒙古三十八部不服者二，其三十六部选士入学，选兵入卫，通关市、婚姻，商胡贸迁无限域，驰马交于关东，则与一统无甚异也"③。洪氏认为，清朝一直被朝鲜视为蛮夷，而清朝统治者通过对中原文化的学习，不仅实现了经济上的繁荣，还实现了政治上的大一统，其规模已远超过当年的明朝。

朴趾源、朴齐家等北学派学者在"华夷一也"的思想基础上进一步提出了对朝鲜传统华夷观的批判。如朴齐家在《北学议》中指出："尊周自尊周也，夷狄自夷狄也。夫周之与夷，必有分焉，则未闻以夷之猾夏而并与周之旧而攘之也。"④朴趾源在《热河日记》中也提出了与之相似的论调："为天下者，苟利于民而厚于国，虽其法之或出于夷狄，固将取而则之，而况三代以降圣帝明王、汉唐宋明固有之故常哉！圣人之作《春秋》，固为尊

---

① 〔朝鲜〕洪大容：《湛轩书·内集》卷 4《医山问答》，平壤：朝鲜社会科学出版社，1965，第 148 页。

② 〔朝鲜〕洪大容：《湛轩书·内集》卷 4《医山问答》，第 162 页。

③ 〔朝鲜〕洪大容：《湛轩书·外集》卷 7《衙门诸官》，第 312 页。

④ 〔朝鲜〕朴齐家：《北学议》外编《尊周论》，首尔：石枕出版社，2013，第 442 页。

华而攘夷,然未闻愤夷狄之猾夏,并与中华可尊之实而攘之也。"① 他们首先肯定"华"与"夷"之间存在差别,继而指出,从文化的角度来看,不管是出于"华"还是出于"夷",只要是先进文明都有其可取之处。

中国传统的儒家思想将中原与周边民族区别看待,《礼记·王制》中即有:"中国戎夷,五方之民,皆有性也,不可推移"。但儒家对于中原(华夏)和夷狄的区分并没有局限于语言、习俗、外貌特征等方面,而是将文化、礼仪作为区分夷夏的标准。如《论语·八佾》中有:"夷狄之有君,不如诸夏之亡也。"孔子以文化来区分不同民族,认为夷狄并非事事不如华夏。唐代韩愈也在《原道》中对孔子的华夷观进行了阐释:"孔子之作《春秋》也,诸侯用夷礼则夷之,进于中国则中国之。"由此可见,儒家的华夷观所强调的"华"与"夷"的区别主要在于文化的进步与否,而不是仅从民族本身进行评判。从这一点来看,儒家的华夷观与朝鲜北学派所提倡的新华夷观在本质上是一致的,他们所强调的都是文化的先进性。

18 世纪是朝鲜实学发展最兴盛的时期,北学派文人以实学思想为指导,倡导以"利用厚生"取代"经世致用",将实学发展的目标定位为推动社会的繁荣发展与国民的幸福安康。北学者朴齐家曾经四次出使中国,目睹了清朝的繁荣。对比朝鲜的贫困落后,他不禁心生感慨,在《北学议》中多次表达了对清朝先进文物制度的肯定,提出了希望借清之利改变本国落后现状的迫切愿望。朴齐家指出:"我国既事事不及中国,他姑不必言,其衣食之丰足,最不可当。"② 在《北学辩》中又进一步强调,"凡尽我国之长技,不过为中国之一物,则其比方较计者,已是不自量之甚者也"。③ 朴氏认为,朝鲜一直以来都以"小中华"自居,而实际上朝鲜的文明发展状况与中国相距甚远,所以在此时提出北伐主张更是不自量力之举。"学其技艺,访其风俗,使国人广其耳目,知天下之为大,井蛙之可耻",④ 在朴齐家看来,朝鲜之所以还将清朝视为蛮夷,是因为对中国的社会现实不够了解,就如同井底之蛙一般,只有亲自到中国去"学其技艺,访其风俗",才能真正地认识中国。

---

① 〔朝鲜〕朴趾源著,朱瑞平校点:《热河日记》卷 2《驲讯随笔》,第 61 页。
② 〔朝鲜〕朴齐家:《北学议》外编《农蚕总论》,第 420 页。
③ 〔朝鲜〕朴齐家:《北学议》外编《北学辩》,第 432 页。
④ 〔朝鲜〕朴齐家:《北学议》外编《通江南浙江商舶议》,第 439 页。

朴趾源也极力主张学习清朝的先进文化。他在《北学议序》中提出："苟使法良而制美，则固将进夷狄而师之。况其规模之广大，心法之精微，制作之宏远，文章之焕赫，犹存汉唐宋明固有之故常哉。"① 在他看来，虽然是清朝统治了中原，但所谓的清文化实际上仍是对旧有中原文化的传承，所以仍然值得朝鲜去学习。朴趾源在随朝鲜使团刚抵达辽东之时，便感慨于当地的社会发展现状："周视铺置，皆整饬端方，无一事苟且弥缝之法，无一物委顿杂乱之形。虽牛栏豚栅莫不疏直有度，柴堆粪庤亦皆精丽如画。嗟呼！如此然后始可谓之利用矣，利用然后可以厚生"，② 认为中国以"利用厚生"为思想指导，真正做到了人尽其责、物尽其用，社会也得以健康有序地发展。因此朴趾源指出："今之人诚欲攘夷也，莫如尽学中华之遗法，先变我俗之椎鲁，自耕蚕陶冶以至通工惠商，莫不学焉。人十己百，先利吾民，使吾民制梃而足以挞彼之坚甲利兵，然后谓中国无可观可也。"③ 朴趾源的这一观点既是对传统"华夷观"的否定，同时又坚持了朝鲜民族的主体意识，所以更容易被朝鲜人民接受，对朝鲜社会的发展起到了非常重要的影响，同时也为朝鲜进一步学习世界先进文化做好了思想准备。

另外，朴齐家还进一步指出，朝鲜要赶超清朝，实现尊华攘夷的目标，首先应该做的事情就是学习清朝的治国之策与发展之道。"今之人欲攘夷也，莫如先知夷之为谁；欲尊中国也，莫如尽行其法之为逾尊也。若夫为前明复雠雪耻之事，力学中国二十年后共议之未晚也"。④ "师夷长技以制夷"出自魏源的《海国图志》，而早在一百年前，北学派学者们就已经提出了类似的主张，这不仅体现了北学思想的进步，也反映出北学派学者们卓越的战略眼光。

当然，北学思想及新华夷观的出现，与 18 世纪后期朝鲜较开明的文化统治是分不开的。1776 年，朝鲜正祖即位，实行开明的文化政策。他接受北学派的意见和建议，肯定了清朝社会的繁荣发展，主张学习中国先进的科学技术和文化。正祖统治时期，朝鲜社会空前繁荣，农工商业得到了全面的发展，社会经济稳步提升。到了朝鲜后期，朝鲜使臣基本上改变了此前对清

---

① 〔朝鲜〕朴趾源：《燕岩集》卷 7《北学议序》，首尔：韩国民族文化促进会，2005，第 55 页。
② 〔朝鲜〕朴趾源著，朱瑞平校点：《热河日记》卷 1《渡江录》，第 12 页。
③ 〔朝鲜〕朴趾源著，朱瑞平校点：《热河日记》卷 2《驲汛随笔》，第 61 页。
④ 〔朝鲜〕朴齐家：《北学议》外编《尊周论》，第 443 页。

朝的抵触态度，他们迫切地希望来到中国，目睹中国的繁荣昌盛，并将学习和宣扬清朝先进的科技文化作为自己出使的最终目的。

五　结语

17 世纪，朝鲜在武力威胁下被迫接受清朝的册封，但朝鲜对清朝仅仅是政治上的臣服。一直以来，朝鲜深受中国传统儒家文化的影响，形成了自成一体的"华夷观"和"小中华"意识。清朝以强大的军事实力入主中原，励精图治，努力构建自己中华正统的身份，但该时期的东亚早已形成了以儒家文化为正统的"中华"意识，清朝始终无法取得周边各国在文化上的认同。

进入 18 世纪，清朝的统治达到了鼎盛时期，疆域辽阔，社会稳定，百姓富足安康。此时的朝鲜使臣通过燕行活动，亲身感受到中国社会的繁荣昌盛，再加上清朝对朝鲜在外交方面的礼遇和优待，朝鲜不得不对清进行重新认识。经过了百余年的交流与调整，朝鲜的对清观逐步发生转变，从最初的抵制与反抗逐渐转变为接受与学习。尤其是北学派的出现，在一定程度改变了朝鲜对清的传统认识，使北学中国成为朝鲜社会改革和发展的必然。然而需要指出的是，这里所提倡的北学中国，主要指学习清朝先进的科学技术，从而达到富国强兵的目的，朝鲜在文化和心理层面并没有实现对清朝的完全认同。清朝入主中原，是对东亚国际秩序的一个巨大冲击，"小中华"意识的出现，足以证明以中国为中心的东亚秩序已经发生动摇。

The Research on the Joseon Dynasty's View on the Qing Dynasty in 18th Century by Yeon-haeng Record

Chen Bingbing

Abstract　In order to stabilize his regime and strengthen its relations with neighboring countries, Qing Dynasty has adopted friendly diplomatic policy with Korea. Due to Qing Dynasty's great donations and benevolence, as well as its increasingly stable dominance and booming social economy, Joseon Dynasty gradually changed the attitude toward Qing. The paper is to do the research on the friendly diplomatic relations between China and Korea in the 18th century by investigating Korean historical materials "Yeon-haeng Record". Furthermore, the author will further analyze Korean changing stance towards Qing together with the formation and evolvement of the New Huayi Concept of Korean North Learning School.

Keywords   18th Century；Yeon-haeng Record；View on the Qing Dynasty；Sino-Korean relations

明清鼎革期朝鲜的明朝塘报搜集与应对

丁晨楠

【内容提要】 明清鼎革期，朝鲜使臣在面临明廷严格情报管控的情况下，仍然通过玉河馆的胥吏与驻扎在山海关的明朝官员获取了为数不少的明朝塘报。这些涵盖大量军事情报的塘报成为朝鲜使臣递交呈文辩诬、朝鲜朝廷派遣特定使团前往明朝的依据。通过追踪朝鲜使臣的塘报搜集活动，可以分析朝鲜如何利用塘报来采取对明交涉措施，从而在与明朝不对称的关系中寻找有利位置。

【关键词】 明清鼎革　塘报　朝鲜　毛文龙　情报搜集

【作者简介】 丁晨楠，历史学博士，复旦大学文史研究院博士后。

　　在朝鲜被纳入以明朝为中心的东亚秩序之后的 15~16 世纪，明朝与朝鲜大体维持了和平稳定的关系。虽然在典籍知识上明鲜之间存在不平衡，但朝鲜可以通过培养一种有利的知识不对称来维持一定程度的自主权，用其对明朝的了解来消解在与明朝关系中对其不利的一面。① 朝鲜的这种消解不对称性的努力也出现在两国的外交交涉中，其手段之一就是利用派往北京的使团采取多种手段搜集明朝情报，以期在与明交涉中占据有利位置，从而维护本国利益。

　　在明清鼎革的军事动乱期中，名为"塘报"的明朝军事文书尤其受到

---

① Wang, Sixiang, Co-constructing Empire in Early Chosŏn Korea: Knowledge Production and the Culture of Diplomacy, 1392–1592 (Ph. D. diss., Columbia University, 2015), pp. 1–2.

朝鲜的关注。塘报是以上报重要军事情报和紧急军事动态为主的专业性传播工具，① 是一种由身份较低者向身份较高者，从遥远边境的最前线按次序向首都报告军情的文书。② 塘报自明朝中后期出现以来，一直是明廷与明军将领制订军事计划的重要参考。虽然塘报作为明朝内部使用的机密文书被禁止向外流出，但到了行政与军事秩序松懈的明末，公然抄录并散布塘报的情况并不少见。

壬辰战争期间，朝鲜通过进入本国的明军了解到塘报在明朝军事指挥系统中的重要作用，开始积极搜集塘报。当时明军设置了名为摆拨的机构，派遣摆拨儿、摆拨唐人、摆拨委官等在日军驻扎地区与辽阳、北京等一线进行侦查与传送塘报的活动，并以这些情报为基础做出军事决策。随后，朝鲜以丁酉再乱为契机，尝试引入明军的摆拨制度，将其运用在军事通信系统中。③ 可以说，通过壬辰战争，朝鲜已经非常清楚明军的摆拨制度与塘报的用处。同时，由于共同面临日本的威胁，明军将领并没有将朝鲜搜集塘报视为不妥之举。④

明廷在辽东统治力量的弱化与建州女真的成长，给 17 世纪的东亚秩序带来了巨大变化。明与后金角力的最前线在辽东，为了维护本国的利益与安全，朝鲜不得不对与其相邻的辽东的军事动向多加关注。在这样的情况下，含有大量军事情报的塘报自然而然地吸引了朝鲜的注意。获取明朝塘报并不容易。随着与后金军事作战的接连失败，明廷强化了管制措施以防情报流出。⑤ 但管控措施并没有收到期望的效果，朝鲜使臣通过各种手段，仍然获取了为数不少的明朝塘报。

探讨明鲜关系时提及明朝塘报的已有如下研究：根据 1629 年朝鲜使臣李忔留下的《雪汀先生朝天日记》中记录的明朝朝报、揭帖、塘报等，分

① 尹韵公：《中国明代新闻传播史》，重庆出版社，1990，第 146 页。
② 荻原淳平「明清時代の塘報について」『田村実造等編田村博士頌寿東洋史論叢』、田村博士退官記念事業会、1968 年、463 頁。
③ 金文子，「情報、通信과壬辰倭亂」，『한일관계사연구』，22 집，2005 年，pp. 9 – 10。
④ 《朝鲜王朝实录·宣祖实录》卷 109，宣祖三十二年二月二十三日，首尔：国史编纂委员会，1973 年影印本，第 23 册，第 583 页。
⑤ 《明熹宗实录》卷 33，天启三年四月初八日，台北中研院历史语言研究所，1962 年影印本，第 7 册，第 1689 页。

析北京战役与袁崇焕悲剧结局的研究；① 利用《朝鲜王朝实录》中记录的塘报、题本等文书，探讨明代东北亚地区陆路情报流通的研究；② 引用毛文龙塘报介绍"丁卯之役"前后朝鲜对东江情势的关注与对应措施的研究。③ 可见，在《朝鲜王朝实录》之外的朝鲜使臣使行记录并没有得到充分利用。本文主要以金尚宪、申悦道、李忔等使臣的塘报搜集活动为基础，分析朝鲜使臣及朝鲜朝廷如何运用情报对明交涉。

一　1627 年金尚宪与金地粹的塘报辩诬

虽然明朝制定了防止塘报外流的禁令，但到了明末，朝鲜使臣阅读并抄录塘报的情况并不鲜见；发生紧急情况时，朝鲜使臣甚至会以所抄录塘报为依据，向明朝相关部门呈文辩解。1627 年三月十三日（阴历，下同），圣节兼谢恩陈奏使正使金尚宪、书状官金地粹听闻后金军队入侵朝鲜的消息，急忙向明朝兵部、礼部以及登州巡抚递交呈文，此呈文中便引用了毛文龙的塘报：

> 伏闻毛镇搪报（即塘报，笔者注）有云，丽人恨辽民扰害，暗为导奴奸细，欲害毛镇。噫！此何言也？小邦之失懽于毛镇，不过参、刀、纸束之微，而常时搆捏，亦已甚矣。至于今日，共受兵祸，军民糜烂，疆域溃裂，而乘人之厄，反以为幸，张皇虚说，加以不测之名。④

---

① 邱瑞中：《李忔笔下的袁崇焕及明清北京大战》，《燕行录研究》，广西师范大学出版社，2010，第 83～133 页；邱瑞中・崔昌源，「朝鲜使臣李忔笔下的袁崇焕："燕行录"的史料价值之三」，『한국민족문화』，25 집，2005 年，pp. 231–267。

② 牟邵义：《明代东北亚地区陆路信息传播研究》，中国社会科学院研究生院博士学位论文，2011，第 111～116 页。

③ 石少颖，「"丁卯之役"前后朝鲜对东江情势的关注与对应」，『한중인문학연구』，51 집，2016 年，pp. 149–154。

④ 《朝鲜王朝实录・仁祖实录》卷 16，仁祖五年五月六日，首尔：国史编纂委员会，1973 年影印本，第 34 册，第 119 页。同样的内容亦可见于〔朝鲜〕金尚宪《兵部呈文》，《韩国文集丛刊・清阴集》卷 8，首尔：民族文化推进会，1991 年影印点校本，第 77 册，第 145～146 页；〔朝鲜〕金地粹《兵部呈文（丁卯三月十三日）呈礼部及登州抚院同》，《韩国文集丛刊・苔川集》卷 2，首尔：民族文化推进会，2006 年影印点校本，续第 21 册，第 536～537 页。

引文中提及朝鲜人引来后金军队以图谋害毛文龙的说法，亦可见于同年三月初三日的《明实录》。按毛文龙的解释，虽然朝鲜官民暗通后金，但他本人仍然坚守职责，所以伤亡明军人数并不多。[①] 与上述塘报类似的内容又见于毛文龙撰写的《天启七年五月二十二日塘报》。根据该塘报中毛文龙的自述，他在听闻后金军队将入侵云从与铁山的消息后，立即率军督战，但没料到朝鲜人勾结后金，让后金军队换上朝鲜的服饰，给明军带来极大伤亡。毛文龙强调，虽然现在明军粮草断绝，但考虑到朝鲜勾结后金的情况，他无颜再向朝鲜请求粮草支援。[②] 可以推测，毛文龙在塘报中提及朝鲜与后金勾结的情况绝非一两次。

　　金尚宪一行作为朝鲜国王的陪臣，并没有直接向明朝皇帝上奏的资格。如果朝鲜使臣自行撰写并散布文书的话，还可能触犯"冒滥之罪"。这是因为朝鲜使臣的职责被限定在只能将朝鲜国王的奏本直送给皇帝。[③] 1624 年李庆全一行向明朝礼部递交呈文时，礼部尚书林尧俞就曾强调："陪臣上本，事无规例"，但他本人可以据朝鲜使臣的呈文转奏皇帝。[④] 金尚宪等人显然也知道这样的规矩，所以才向礼部与兵部递交呈文，希望礼部与兵部能据此转奏。[⑤] 同时金尚宪等人还在呈文中多次强调明朝对朝鲜的"再造之恩"，以此来表明朝鲜绝不会背叛明朝。[⑥] 但实际上在壬辰战争期间，明朝内部就已经出现了朝鲜与日本勾结的传言。战争结束后，明朝社会广泛存在的对朝鲜的负面认识逐渐成为对朝鲜朝廷的现实威胁。[⑦] 到了 1627 年"丁卯之役"前后，这种负面认识进一步扩散，对朝鲜不信任与朝鲜可能与后金勾结的疑虑弥漫于明廷。如金尚宪等人在北京期间就遭到信息封锁，他们首次获知朝鲜遭到后金入侵，即所谓"丁卯之役"

---

① 《明熹宗实录》卷 82，天启七年三月初三日，第 12 册，第 3969 页。
② 毛文龙：《天启七年五月二十二日塘报》，毛承斗辑《东江疏揭塘报节抄》，浙江古籍出版社，1986，第 85～86 页。
③ 車惠媛，「丁酉再亂期明朝의 派兵決定과 "公議"：『文興君控于錄』을 中心으로」，『중국사연구』，69 집，2010 年，p. 248。
④ 《朝鲜王朝实录·仁祖实录》卷 5，仁祖二年三月十五日，第 33 册，第 579 页。
⑤ 〔朝鲜〕金尚宪：《礼部兵部呈文》，《韩国文集丛刊·清阴集》卷 8，第 77 册，第 139 页。
⑥ 〔朝鲜〕金尚宪：《礼部兵部呈文》、《礼部兵部呈文（第二）》和《兵部呈文》，《韩国文集丛刊·清阴集》卷 8，第 77 册，第 140、141、146 页。
⑦ 車惠媛，「朝鮮에온 中國첩보원：壬辰倭亂期東아시아의 情報戰과 朝鮮」，『역사비평』，85 호，2008 年，pp. 355～356。

的情况还是通过北京大街上的孩童，明廷对朝鲜的怀疑由此可见一斑。① 尤其是经由辽东的朝贡道路被后金占领之后，明廷对朝鲜忠诚与否的判断往往取决于毛文龙的报告。所以金尚宪一行在得知毛文龙塘报中有质疑朝鲜忠诚的内容之后，绝无法置之不理。有趣的是，尽管明廷严禁塘报外流，但礼部在收到呈文之后，并没有将朝鲜使臣引用塘报视为问题，甚至天启帝在阅览礼部转奏的题本之后，还降下表示相信朝鲜的忠诚、安慰朝鲜君臣的圣旨。② 在需要联合朝鲜的力量抵抗后金的情况下，明廷并没有追究塘报外流的情况，也避免了在言语上刺激朝鲜的行为。可以说，金尚宪等人的辩诬活动，至少取得了明朝在外交辞令上再次确认朝鲜忠心的成果。

金尚宪等人是从何种渠道获取这些塘报的呢？他与金地粹虽未留下明确记载，但朝鲜使臣在使行沿途中从当地人处获得情报的情况不在少数。如金尚宪一行在到达登州的时候，就曾从与金地粹所熟识的当地士人范明镜处得到秘密小纸，其内容都是毛文龙控告朝鲜的内容。③ 而在使臣宿所玉河馆，馆夫胥吏等人在金钱的贿赂下向朝鲜人走漏消息已是常态。④ 1600 年前后，甚至有书商公然出入玉河馆向朝鲜使臣兜售书籍等物。⑤ 就此可以推测，金尚宪极有可能通过出使沿途或是玉河馆中的明人来获取塘报，从而打破明朝官方的信息封锁。且从国力来看，明朝尽管在对朝鲜的外交中占据优势，但随着女真势力的兴起，明与朝鲜的不对称关系中又加入了第三方因素，明朝的绝对优势遭到削弱。当时明廷最担心的事情就是朝鲜倒向后金，对自身形成威胁。金尚宪一行即在此三方势力变化的大背景下，利用呈文唤起明廷与朝鲜在壬辰战争时共同抗击日本的记忆，同时表明朝鲜不会背叛明朝倒向后金，从而完成了对毛文龙所奏塘报的辩诬活动。

---

① 《朝鲜王朝实录·仁祖实录》卷16，仁祖五年五月十八日，第34册，第203页。

② 《朝鲜王朝实录·仁祖实录》卷16，仁祖五年五月初六日，第34册，第199页。

③ 《朝鲜王朝实录·仁祖实录》卷16，仁祖五年五月十八日，第34册，第203页。

④ 陈彝秋：《从朝鲜使臣的中国行纪看明代中后期的玉河馆——以会同馆提督官为中心》，张伯伟编《"燕行录"研究论集》，凤凰出版社，2016，第296~302页。

⑤ 〔朝鲜〕郑斈：《松浦公朝天日记》，《燕行录续集》，首尔：尚书院，2008年影印本，第103册，第125页。

二 1629 年李忔搜集的塘报与进慰使派遣

按惯例，朝鲜朝廷想向明朝派遣特遣使团的话，需要在收到如明朝的诏书、敕书、礼部或辽东都司发送的咨文等正式公文之后；若以前次使团打探到的情报作为派遣特使的依据，则会被明朝视为违例行为。① 但在 16 世纪嘉靖帝上台之后，明鲜的政治互信关系进一步深化，甚至出现了宰相严嵩将嘉靖帝遭宫女暗杀的情况告诉朝鲜使臣，朝鲜中宗从而得以迅速派出钦问使前往明朝慰问，嘉靖帝特意褒奖朝鲜的事例。② 到 16 世纪末，禁止朝鲜凭明廷情报派遣使节的旧例已形同虚文；尤其是壬辰战争结束后不久，多次出现朝鲜在明朝公文到达之前提前进行使团的派遣准备工作或是干脆直接派遣使团的事例。③ 这样的情况一直延续到明清鼎革时期，如 1620 年朝鲜国王光海君就因辽镇塘报中有朝鲜与后金讲和、后金遣人迎接朝鲜宰相等内容，又听闻明朝要宣谕或是监护朝鲜，立即派遣辩诬使携带奏文向明朝辩诬，且在奏文中明确提及情报来源是明朝塘报；明廷则降下安慰朝鲜的谕旨，令李廷龟等人带回朝鲜。④

到了 1630 年，因前一年进贺兼谢恩正使李忔搜集到的情报，朝鲜向明朝派出了进慰使。根据李忔《雪汀先生朝天日记》的记载，他因后金军队的进攻而滞留山海关。当时后金军队绕开宁远、锦州一线，经由遵化而进攻北京。李忔在滞留期间读到并搜集了大量关于战况的情报，其中就包括塘报等明朝文书。李忔根据这些文书撰写了状启，派遣先来通事发回本国。所谓先来通事，即在使臣归国之前提前派遣回国的译官。派遣先来通事，一般意

① 如 1424 年永乐帝去世之后，朝鲜在收到诏书之前就以从辽东抄录的令谕作为依据提前举哀并派遣进香使，但进香使进入辽东之后遭到明朝"私通消息"的指责。《朝鲜王朝实录·世宗实录》卷 26，世宗六年十月初五日，首尔：国史编纂委员会，1973 年影印本，第 2 册，第 626 页。

② 《朝鲜王朝实录·中宗实录》卷 99 中宗三十七年十一月十七日、卷 100 中宗三十八年五月初八日，首尔：国史编纂委员会，1973 年影印本，第 18 册，第 636、675 页。

③ 《朝鲜王朝实录·宣祖实录》卷 198，宣祖三十九年四月十九日、宣祖三十九年四月二十日，第 25 册，第 185、186 页。

④ 《明神宗实录》卷 594，万历四十八年五月二十一日，台北中研院历史语言研究所，1962 年影印本，第 5 册，第 11397 ~ 11400 页。

味着出现紧急事例，或中国可能向朝鲜派往诏使、敕使的情况。① 也就是说
使臣判断可能出现了需要本国提前准备应对措施的情况，才会派出先来通
事。李忔的这封状启于 1630 年四月初到达朝鲜，② 而在当年正月，朝鲜已
经听闻了后金军队入侵关内的消息，并派出官员向在皮岛驻扎的副总兵陈继
盛询问此消息是否属实。③ 但根据朝鲜奏文所称，陈继盛仅仅告知明军取得
多次大捷。由于岛中传来的消息真假参半，吉凶未知，朝鲜上下感到非常不
安，但就在此时收到了李忔发回的状启，从而获知了后金入侵北京一带，明
朝遭受巨大损失的确切消息。因此，朝鲜决定派遣进慰使携带奏文以及本国
所造兵器前往明朝进慰。④ 此次进慰使团的正使是郑斗源，书状官为李志
贱。⑤ 也就是说，朝鲜决定派出进慰使的决定性因素是李忔的状启，这在朝
鲜的奏文里也有明确提及。

李忔在状启中虽未明说部分战况消息的来源是塘报，但根据他留下的日
记可以做出推测。如状启中称祖大寿派刘源清、祖可法前往抚宁、建昌等
地，剿灭了较多后金军队，⑥ 实际上是他二月十五日记录下的内容。该日李
忔在日记称因"柳河口差人下塘报"，得知刘源清等人得首级五十三颗等消

---

① 金暻綠，「朝鮮時代對中國外交文書와外交情報의收集·保存體系」，『동북아역사논총』，
25 집，2009 年，p. 307。

② 《朝鲜王朝实录·仁祖实录》卷 22，仁祖八年四月初四日，第 34 册，第 370 页。

③ 《朝鲜王朝实录·仁祖实录》卷 22，仁祖八年正月二十八日，第 34 册，第 362 页。

④ "又于本月内将探讨奴兵犯京的报，以便进慰事理，另咨副总陈继盛。回咨节该我兵虽屡奏
奇绩，然中外戒严，兼之隔海，邸报难通等因。准此，岛中所称，互有吉凶，亦未真的，
方深闷郁间，四月初四日，据进贺使李忔在山海关另差译官金后觉驰启：上年十月二十九
日行到山海关，听得奴贼于本月二十七日夜毁长城以入，进围蓟州、通州，十一月二十日
直迫皇城齐华门外。虽被天兵杀退，贼酋遁还，而余众尚复屯据，四出抢掠，兵祸之惨有
似我国丁卯之变。臣等一行不得前进，要从天津路得达京师等因。……即目我国使臣方在
关内，耳闻目见，所报必真，合无专差使臣前去进慰，仍将本国所造戎器若干一并进献以
助军前之用。……始闻道传，惊而复疑，累差的当陪臣前往皮岛以探的报，而久未得详，
及见李忔在山海关驰启然后闻其槩。……臣遂守外藩，既未能西赴国难，捍王于艰。又
未能跋涉道路，躬行奔问，惟有专差进慰是为目效之地。"参见〔朝〕郑经世《陈慰奏
文》，承文院编《槐院謄录》卷 5，MF35 - 977 - 978，韩国学中央研究院藏书阁藏，第
301 ~ 303 页。同样的奏文内容又见于《朝鲜国王李倧奏表》，《明清史料》甲编第 7 册，南
京中研院历史语言研究所，1931，第 601 页。

⑤ 《朝鲜王朝实录·仁祖实录》卷 23，仁祖八年七月初二日，第 34 册，第 385 页。

⑥ 《朝鲜王朝实录·仁祖实录》卷 22，仁祖八年四月初五日，第 34 册，第 371 页。

息。① 又如状启中称后金军在十一月二十七日夜里从棚路、潘家口毁长城后围困遵化，京外震惊，② 这实际上是李忔从遵化抚院王元雅的塘报中读到的内容。李忔在十一月初一日的日记里记载了王元雅报告的十月二十七日子时后金军大举入犯，明军数名将领遭到俘虏或杀害的消息。③ 李忔以塘报的内容为根据撰写状启报告本国，也证明他判断这些塘报的可信度很高。

李忔在到达北京之后，再次派出先来通事将状启及明朝塘报等文书提前送回本国，这些文书于六月底到达朝鲜。④ 前文所提到的陈慰奏文的撰写者、吏曹判书郑经世在同年八月经筵时与仁祖及其他大臣讨论辽东形势时，曾提及自己读到明朝塘报，称袁崇焕是真名将，而祖大寿立功也是为了救活袁崇焕。⑤ 考虑到时间间隔与李忔日记中有多处记载袁崇焕被处斩前明军内部流传的塘报、揭帖等文书的情况，⑥ 可以推测郑经世读到的应该是由先来通事李春实送回朝鲜的塘报。可以说，由使臣发回本国的明朝塘报，已成为朝鲜君臣讨论明朝局势的重要参考。

李忔一行在情报搜集过程中曾获得山海关主事陈瑾与南京出身的江差官的帮助。李忔通过陈瑾可以获见从北京发到山海关的朝报，同时陈瑾也经常主动告知李忔最近的战况；⑦ 而江差官甚至将自己撰写的塘报草稿送给李忔阅览。⑧ 为何这些明朝官员会向李忔等人出示这些情报？李忔并未在日记中明确说明。但从日记可知，他曾多次亲自拜访或是派译官问候陈瑾、江差官，还夸赞江差官是"为人耿介，深可取也"。⑨ 陈瑾亦对使臣们的生活多

---

① 〔朝鲜〕李忔：《雪汀先生朝天日记》，《燕行录全集》，首尔：东国大学校出版部，2001 年影印本，第 13 册，第 140 页。

② 《朝鲜王朝实录·仁祖实录》卷 22，仁祖八年四月初四日，第 34 册，第 370 页。

③ 〔朝鲜〕李忔：《雪汀先生朝天日记》，《燕行录全集》，第 13 册，第 54 页。

④ 《承政院日记》，仁祖八年六月二十六日，首尔：韩国古典翻译院，2011 年点校本，第 30 册，第 92 页。

⑤ "经世曰，中朝有贿赂公行之说云，若然则此辈之得志。有何怪乎？且见其塘报，则袁崇焕真名将也。祖总兵之立功，亦以救活崇焕也。"参见《承政院日记》，仁祖八年八月二十五日，第 30 册，第 181 页。

⑥ 〔朝鲜〕李忔：《雪汀先生朝天日记》，《燕行录全集》，第 13 册，第 73～75 页。

⑦ 〔朝鲜〕李忔：《雪汀先生朝天日记》，《燕行录全集》，第 13 册，第 61～64 页。

⑧ 〔朝鲜〕李忔：《雪汀先生朝天日记》，《燕行录全集》，第 13 册，第 72 页。

⑨ 〔朝鲜〕李忔：《雪汀先生朝天日记》，《燕行录全集》，第 13 册，第 53 页。

有照顾，甚至将个人储备的粮食送给李忔一行。① 或许是因为李忔一行滞留山海关的数月间与明官员结下的私人情分，陈瑾等人为让苦候入京的李忔一行人安心，主动出示情报也未可知。

进慰使郑斗源一行在当年十月达北京。崇祯帝在收到朝鲜的进慰奏文与兵器之后，肯定了朝鲜的进慰举动，降旨回答朝鲜。② 1627 年"丁卯之役"之后，朝鲜与后金结为兄弟关系。但对以"崇明"为名分在 1623 年驱逐了在明朝与后金之间执行"两端外交"的光海君政权的仁祖政权来说，既需要展现对明朝的积极"事大"来消除明朝的疑虑，也需要借事明之举来确认当年政变的合法性，以期巩固执政势力内部的团结。同时，明朝尽管知道"丁卯之役"之后朝鲜与后金的接触日渐频繁，但朝鲜的积极"事大"，不管是出于实际政治需要抑或满足体面的心理需要，始终是其所乐见的举动。为了预防朝鲜进一步倒向后金，明朝也需要对朝鲜的进慰行动予以积极回应。在这样的大背景下，李忔一行搜集的塘报等情报，成为朝鲜在对明交涉中采取有力应对措施的信息依据。

三 1636 年金堉与李晚荣搜集塘报与"丙子之役"

17 世纪 30 年代，随着与辽东战事吃紧，明朝强化了对情报流到朝鲜的管控。1636 年底"丙子之役"爆发前后，朝鲜使臣金堉和李晚荣一行在北京滞留的期间，不仅受到玉河馆提督的严密监视，甚至还遭到东厂太监的尾随监察。③ 同年十二月二十五日，金堉等人在参加圣节贺班时，已经听说清军入侵朝鲜的消息，但"内外语言，一切严禁，不能详问"。④ 一行人又在玉河馆中听到馆夫提及清军入侵，感到非常惊虑，随即向提督询问这一消息是否属实，而提督却回答朝鲜无事，希望使臣不要因为流言而惊慌。但此后馆夫仍屡次暗地将朝鲜遭到入侵的消息告知使臣，甚至出示一张印本塘报，

① 〔朝鲜〕李忔：《雪汀先生朝天日记》，《燕行录全集》，第 13 册，第 79 页。
② 参见《崇祯长编》卷 39 崇祯三年十月十七日、卷 40 崇祯三年十一月二十六日，台北中研院历史语言研究所，1962 年影印本，第 15 册第 2367~2368 页、第 16 册第 2442 页。
③ 〔朝鲜〕李晚荣：《崇祯丙子朝天录》，《韩国文集丛刊·雪海遗稿》卷 3，首尔：民族文化推进会，2006 年影印点校本，续第 30 册，第 88 页。
④ 〔朝鲜〕金堉：《朝天录》，《燕行录全集》，首尔：东国大学校出版部，2001 年影印本，第 16 册，第 417 页。

塘报的内容是初十日到达北京的宁远军门方一藻初九日的奏本，称初七日清军大举入侵朝鲜，情形无疑。按李晚荣的分析，提督不愿意告知实情，是因为泄露军情之罪极重，恐惹祸上身。而馆夫无知，既然已经告知了朝鲜人，后又担心朝鲜人泄露自己透露军情的情况，所以干脆告知详情，以此来让朝鲜人严守秘密。① 这些馆夫贪于朝鲜人的财物贿赂，只要朝鲜人愿意掏钱，馆夫们可以说是对使臣们有求必应。②

1637 年四月，传来朝鲜投降清军的消息，而明朝并不清楚朝鲜当地的情况，故希望朝鲜使臣在回程时能够多加探查。兵部尚书杨嗣昌建议对金堉一行加恩厚赏，同时，因担心沿途明人"不知天朝字小之意，维系属国之心"而对使臣有所扰害，杨嗣昌还奏请崇祯帝派遣敕使护送使臣回国。崇祯帝应允了杨嗣昌的建议，且强调"属国世称忠义，力屈降奴，情殊可悯"，表示理解朝鲜的处境。金堉等人得知明朝方面的安排之后，一面向东方痛哭，一面向明帝呈文辩解朝鲜的冤屈。③

使团在闰四月初七日回国途中经过前屯卫某个店家时，译官全有后偷偷买到了一张塘报。此塘报是四月十六日锦州总兵祖大乐报告边情的内容，文中称朝鲜四道均已被清军攻陷，国王剃发出城迎降，两王子作为人质留在抚顺，而四王子姐夫羊姑大娥夫被朝鲜杀死。④ 此处提及的两王子即昭显世子与凤林大君，此二人后长期作为朝鲜的人质滞留沈阳。而羊姑大应指努尔哈赤的女婿，即额驸杨古利，他在该年正月初七日南汉山城的围攻战中被朝鲜军队用鸟铳射杀。⑤ 除国王剃发的内容之外，此塘报的内容基本属实。虽然无法确切弄清全有后是通过怎样的途径得到这张塘报，但朝鲜使团竟然可以

---

① 〔朝鲜〕李晚荣：《崇祯丙子朝天录》，《韩国文集丛刊·雪海遗稿》卷 3，续第 30 册，第 84～85 页。

② 〔朝鲜〕李晚荣：《崇祯丙子朝天录》，《韩国文集丛刊·雪海遗稿》卷 3，续第 30 册，第 82 页。

③ 〔朝鲜〕金堉：《朝京日录》，《韩国文集丛刊·潜谷遗稿》卷 14，首尔：民族文化推进会，1992 年影印点校本，第 86 册，第 281 页。

④ "（闰四月）初七日，发山海关到前屯卫店家。……译官全有后潜买搭报（即塘报，笔者注）一张而来，乃初四月十六日锦州总兵祖大乐驰报边情事也。有云，生擒獐子招辞，称东抢诸獐言高丽四布政已皆溃杀，国王剃了头，出城迎之，留二个王子抚顺，余皆陆续回来。而四王子姐夫羊姑大娥夫被高丽杀死云。"参见〔朝鲜〕金堉《燕中闻见》，《燕行录全集》，第 95 册，第 178 页。

⑤ 《清太宗实录》卷 33，崇德二年正月初七日，中华书局，1985 年影印本，第 6 册，第 418 页。

在民间店家获得塘报，可见当时塘报流布之广与明军情报管控的松懈。

金堉一行在明廷的情报封锁中依然获取了有关"丙子之役"的塘报，这些塘报成为朝鲜使臣把握明朝最新动态的可靠依据，其来源是玉河馆的馆夫和使行沿途的明人。明廷虽然声称相信朝鲜的忠心，但严格的情报管控，事实上就是其内心深处仍然怀疑朝鲜的明证。尤其是在不确定朝鲜当地动向的情况下，明廷亦希望金堉一行能在回程中能探问到其国近况，所以特意派遣敕使护送金堉等人。所谓敕使护送，一方面确实可以像官方宣称的一样减少沿途扰害，但另一方面也暗含了监视朝鲜使臣、探查最新动向的目的。与朝鲜使臣可以利用多种手段探知明朝情报、打破情报封锁的情况相反，"丙子之役"之后，明朝想探知朝鲜的情况则愈发困难，也就是说，明朝想打破这种信息上的不对称其实并不容易。优待金堉等人，实际上也是为继续保持与朝鲜的合作关系、共同抵抗清军而留下余地。

四　结语

16世纪后半期，由于日本的大陆进攻与女真势力的扩张，明朝在东北边境面临的外部军事威胁进一步加深。塘报作为军事情报的报告媒介，在这一外患不断加深的背景下被广泛运用到明朝军事指挥系统中。壬辰战争期间，朝鲜通过进入本国境内的明军得知塘报在传递军情上的价值，此期间形成的对明朝塘报的认知促使朝鲜使臣在明清鼎革期更努力地开展塘报搜集活动。

进入明清鼎革期后，随着明朝在与后金的战争中逐渐处于劣势，明廷加强了对塘报等文书的传播管控。但这样的禁令并没有收到期待的效果，金尚宪、李忔、金堉、李晚荣等朝鲜使臣接连搜集并记录塘报的事例便是管控无效的明证。这些朝鲜使臣搜集到的塘报甚至成为朝鲜对明辩诬或向明派遣特定使团的依据。尽管朝鲜在奏文或呈文中明确引用了明廷禁止流传到外部的塘报，但明廷并未因此处罚朝鲜。朝鲜使臣亦会摘录塘报的内容撰写成状启报告给本国。虽然塘报中难免存在夸大或不实的内容，但使臣以塘报为据撰写状启实际上说明使臣本人是认可塘报的可信度的，李忔的事例即是证明。同时，李忔搜集到的塘报被送回本国之后，亦成为朝鲜君臣讨论明朝政治军事情况的参考。

　　朝鲜对明朝的了解，远远大于明朝对朝鲜的了解，朝鲜正是利用这一点，以"事大"为外衣，在面对强盛的明帝国时，保存着自主性，利用情报关系上的不对等来消解权力关系上的不对等。朝鲜积极地利用塘报，以灵活的外交手段，包括正式的呈文和非正式的情报搜集，在不对等的缝隙之间寻找自身在明清鼎革大变局中的有利位置。

Chosŏn's Collection and Utilization of Tangbao during the Ming-Qing Transition

Ding Chennan

Abstract　During the Ming-Qing transition, despite rigid control exerted by the Ming court, Chosŏn envoys still managed to gain considerable access to Tangbao through Chinese clerks at the Korean Lodge and the Ming officials stationed at the Shanhai Pass. These Tangbao contained abundant military intelligences and formed the basis with which Chosŏn coordinated its diplomacy with the Ming dynasty. By tracing Chosŏn envoys' collection of Tangbao, this article analyses the ways in which Chosŏn utilized Tangbao to make informed decisions with Ming, hence take advantage of the asymmetrical Ming-Chosŏn relation. That is to say, Chosŏn capitalized on the favorable asymmetrical relation in intelligence collection to counterbalance its unfavorable power relation with the Ming dynasty.

Keywords　Ming-Qing transition; Tangbao; Chosŏn; Mao Wenlong; Intelligence collection

书籍与外交：从朝鲜活字本《藏园诗钞》看晚清中朝外交[*]

书籍与外交：从朝鲜活字本《藏园诗钞》看晚清中朝外交[*]

罗　琴

【内容提要】　光绪九年（1883）朝鲜人卞元圭在朝鲜以木活字排印中国士大夫游智开的《藏园诗钞》一卷，并寄回百部给游氏。本次书籍刊印活动并非出于单纯的私人交情，其背后有晚清中朝政治外交背景。此前，游氏多年以来都是中朝官员沟通的中间人，而且一直尽心竭力接待朝鲜使团，更直接帮助朝鲜使团派工匠来华学习军械知识、促进朝美天津谈判举行；使团归国之际，中方还赠予五十余部西方科技书籍；朝鲜国王也曾专门赠予游氏礼物；加之为迎合中国士大夫的"三不朽"情结，便有了此本的刷印回流。卞本具有典型的朝鲜活字本实物特征，校勘水平也较高，与同时期中国本相比，亦属上等水平。《藏园诗钞》保留了大量晚清中朝政治、外交、文学交流的一手材料，可借此一窥晚清朝鲜对中国的文化认同，以及晚清中朝外交的种种细节，如李鸿章、游智开等为两国关系所做的诸多努力。

【关键词】　游智开　《藏园诗钞》　朝鲜本　中朝外交

【作者简介】　罗琴，文学博士，湖南大学岳麓书院助理教授。

在版本学领域，有"书帕本"这一类别。　《四库提要·黄楼集提

---

* 本文为湖南省哲学社会科学规划基金"《藏园诗钞》版本改易与晚清政治外交关系研究"（项目号：18YBQ019）阶段性成果。

要》云：

> 盖明代朝觐官入都，例以重货赂津要，其余朝官则刊书一部，佐以一帕致馈，谓之书帕，其书即谓之书帕本。[1]

中国古代的书帕本相当于今天的礼品书，其刊印主体是官员本人，刊印对象是官员著述，刊印方式一般为雕版印刷，刊印地点在中国境内。刊印书籍作为礼品，在中外交往中也偶有发生。比如清末官员游智开的《藏园诗钞》一卷，就曾被朝鲜使臣卞元圭拿回朝鲜刷印，除了在朝鲜流传以外，还给游智开寄回中国一百部。相比较中国传统的书帕本，《藏园诗钞》刊印主体是朝鲜官员，刊印对象是中国官员的著述，刊印方式为活字印刷，刊印地点在朝鲜，且其所处时代正是中朝外交格局发生历史性变化的时代，因此自有其特殊性。

一 《藏园诗钞》朝鲜活字本刷印回流始末

游智开（1816～1900），字子代，号藏园，湖南宝庆府新化人，咸丰元年（1851）举人，同光间担任过永平府滦州知州、永平府知府、永定河道，以广西布政使致仕，与朝鲜使臣卞元圭、闵种默、朴梧西、李裕元、姜海苍、沈士民、金允植等多有交往。[2] 卞元圭，字大始，号吉云，朝鲜人，祖籍草溪。光绪年间出使清廷，与游智开定交。光绪十年（1884）后，为机械局帮办，后任汉城府判尹。

光绪九年（1883）卞元圭回国临别之际，向游氏索要诗稿，携带回朝鲜。《藏园诗钞》游氏跋云：

> 嗣卞君往来平州暨津门，数以诗章相赠，会归国日，携余旧稿去。今岁书来，谓索观者众，爰用活字版刷印多部以应，并寄来百

---

[1] （清）永瑢：《四库全书总目提要》卷173，清乾隆间武英殿刻本。
[2] 关于游氏生平，可参见《清史稿》《（光绪）湖南通志》《藏园诗钞》《永平太守游公德政碑》《东华续录》等。游氏与朝鲜使臣交往，可参见《藏园诗钞》、李鸿章《李文忠公奏稿》、金允植《阴晴史》等。

本。其中应删者甚多，深悔当之遽出以示远邦也……光绪十年夏游智开识。①

依"今岁书来"可知，卞氏寄回百部印本给游氏是在光绪十年（1884）。又光绪十一年（1885）傅钟麟为《藏园诗钞》所作《跋》云：

> 先是，廉访守永平，时卞君过境，深相眷契，互有赠章。临别，索廉访稿去。比次年，饬使投书，则称归国日，已排印其稿，今并以百本寄。②

回国第二年，卞氏寄回百部印本。结合上一条材料，可知卞氏回国并索要游氏诗稿在光绪九年（1883）。卞元圭《藏园诗钞序》载：

> 夫不游元圃，安知积玉之珍藏。未到娜嬛，岂识群书之秘府。……瓣香供祝，拟藏鸿宝于名山。浣露诵传，如摘骊珠于沧海。爰付剞劂，寿之枣梨。等声价于南金，广流播于东国。噫！乘槎他日，愿更求白傅之诗。工绣有人，当永颂平原之德。光绪癸未端阳节，朝鲜卞元圭谨撰。③

光绪九年（1883），因索观者众，卞元圭在朝鲜为游智开用活字排印《藏园诗钞》一卷，其牌记亦云，"光绪九年仲夏/吉云馆活字印"。如上所引，光绪十年（1884）春，卞氏将百部印本寄回中国，由此，《藏园诗钞》完成了在朝鲜刷印并回流中国的过程。另从"索观者众"可知，此本在朝鲜国内也有流传。此本笔者目前经眼国家图书馆、上海博物馆、湖南图书馆、上海图书馆所藏各一部。④

---

① （清）游智开：《藏园诗钞》，清光绪九年朝鲜活字印十年改易增补本（上图本）。
② （清）游智开：《藏园诗钞》，清光绪十二年刻本。
③ （清）游智开：《藏园诗钞》卷首，清光绪九年朝鲜活字本（国图本）。
④ 各本虽同版刷印，但回到中国后又被不同程度改易，因此有较大差别；此本另有多种中国刻本。参见罗琴《版本改易与时局新变：〈藏园诗钞〉朝鲜活字本割补改易实物研究》，将发表于《域外汉籍研究集刊》第19辑。

二 刷印原因探析：政治外交背景下的答谢礼品

卞元圭为游智开用活字排印《藏园诗钞》，并非只是因为二人私交甚好，最根本的原因在于游氏在晚清中朝外交中对朝鲜帮助较大。此朝鲜本的刷印，颇具政治外交色彩。

（一）游智开多次周到接待朝鲜使臣

同治十年（1871）夏，游氏补直隶永平府滦州知州，次年擢永平府知府，在任八年，到光绪六年（1880），才转任永定河道。永平为清代朝鲜使臣入京朝贡的陆路必经之地，游智开因此结识了大量朝鲜使臣，包括李裕元、卞元圭、金允植等。因为游氏对朝鲜使臣的帮助，在游氏转任永定河道以后，朝鲜使臣仍然会特意绕道固安去见游智开。比如金允植《阴晴史》记载：

> 藏园之于我东，不翅秦、越之相间，而若是苦心，无异骨肉，诚可感也。卞吉云云："藏园于我辈，如新嫁娘之傅母。"真格言也。极为感铭。①

光绪七年（1881）十一月，金允植使团（卞元圭亦在其中）到达保定府清苑县以后，游氏为朝鲜使团一行安排住宿等。晚上，游氏告知明日李鸿章将接见朝鲜使团，并为金允植等讲解接见之礼。金允植大为感动，称游氏"若是苦心，无异骨肉，诚可感也"，卞元圭更评价为"藏园于我辈，如新嫁娘之傅母"。又如光绪七年（1881）十二月，游氏特地从固安来保定见朝鲜使臣，金允植称游氏"视本国如己忧，不惮劳苦，此世此人何处得来"。临别，赋五古一篇。② 又比如光绪八年（1882）三月，在天津，金氏特意坐车去游氏住处与之话别，游氏曰："须属不必相送，何遽远枉。"金氏曰：

---

① 〔韩〕金允植著，刘顺利导读：《王朝间的对话——朝鲜领选使天津来往日记导读》，宁夏人民出版社，2006，第60页。
② 〔韩〕金允植著，刘顺利导读：《王朝间的对话——朝鲜领选使天津来往日记导读》，第83~84页。

"情不能已，送以贱躯。"① 金允植在这段时间作《海鸟篇永定观察使游藏园》长诗，记录了游智开对朝鲜使团一行的种种照顾，称赞游氏"情意逾骨肉，双袖浥清浥"。② 凡此皆可见朝鲜使节对游智开的真心感激。而游氏对朝鲜使节的照拂，也多是因公不因私，为国家非为个人。

（二） 游智开乃李鸿章与朝鲜使臣的中间人

因为多年居永平府任上的地利之便，游智开往往成为李鸿章与朝鲜使臣的中间人。李鸿章光绪六年（1880）九月二十七日《朝鲜通商西国片》云：

> 再朝鲜与西人通商一事，系其今日谋国要图。……兹欲杜俄日之隐谋，惟有与泰西各国一律通商，尚可互相牵制，孑然常存。③

李鸿章为首的清国大臣对朝鲜的基本国策，是希望朝鲜可以与西方各国通商，以对抗日俄，保护清廷东北门户安全。而这种意图，在很多时候是通过游智开传达给朝鲜使臣的。如金允植《阴晴史》光绪七年（1881）十二月记载，李鸿章问金允植"游道示贵国王书意并闵公书稿（是否）均阅悉"。又如李鸿章光绪五年（1879）七月十四日《密劝朝鲜通商西国折》云：

> 至朝鲜原任太师李裕元自光绪元年秋奉使来京，是冬十二月间事竣回国，道出永平，嘱该知府游智开转寄一函，道其仰慕。臣以古者邻国相交，其卿大夫不废赠答之礼。矧朝鲜久列藩服，谊同一家。现值时事多艰，臣职在通商……因于覆书著外交微旨，嗣后间岁每一通函，于备御俄人、应付日本之方，常为道及。④

---

① 〔韩〕金允植著，刘顺利导读：《王朝间的对话——朝鲜领选使天津来往日记导读》，第229～230页。
② 〔韩〕金允植著，刘顺利导读：《王朝间的对话——朝鲜领选使天津来往日记导读》，第230～231页。
③ （清）李鸿章：《李文忠公奏稿》卷38，民国景金陵原刊本。
④ （清）李鸿章：《李文忠公奏稿》卷34，民国景金陵原刊本。

光绪元年（1875）江华岛事件爆发，十二月朝鲜原任太师李裕元事竣回国，[①] 道出永平，嘱知府游智开转寄一函与李鸿章，李鸿章覆书略著外交微旨。嗣后二李间岁每一通函，于备御俄人、应付日本之方，常为道及。不仅是李鸿章，清廷其他要员与朝鲜使臣的消息传递，许多也是经游氏之手。游氏可以将李鸿章希望朝鲜开埠通商、联欧美抗日俄的想法转告朝鲜使臣，也可将朝鲜国内外情形、国策等告知李鸿章等清廷官员。另，朝鲜使臣来中国出使，也往往是靠游智开带领引荐给李鸿章。如金允植《阴晴史》光绪七年（1881）十一月二十七日记载云：

> 游藏园先到，躬拣店舍，使一行安顿。藏园所舍亦在一弓地。闻李中堂新行祈雪祭，向晚还营云。今冬旱甚，皇京祈雪祭设行亦久矣。
>
> 日暮，游藏园自督署来言，中堂明日当请见。为之讲习接见之礼，辛勤备至，或恐失措。且于中堂有所祈请事，一一代为周旋。不惜劳苦。[②]

光绪七年（1881）金允植使团达到中国后，游智开代为打点旅社、讲解礼仪，并通传李鸿章方面、联系会面事宜等。游智开是李鸿章一手提拔的干将，也是中朝沟通的直接联系人，其作用不容忽视。

（三）游智开促进天津谈判举行与朝鲜学徒来华学习军备

光绪六年（1880）九月十六日朝鲜赍奏官卞元圭抵天津，李鸿章委令津海关道郑藻如、永定河道游智开等先行会同笔谈，并领往天津上会机器局、制造局、军械所及西沽储备火器火药各库观览，游氏因之作《天津赠卞吉云》。[③] 卞氏亟欲整练士卒、购造利器，以御外辱，李鸿章则劝说卞氏与西洋各国通商以牵制日俄。[④]

---

① 李裕元（1814～1888），字京春，号橘山，朝鲜人。数次出访中国，与李鸿章、游智开多有联系。壬午军乱，与日本谈判，并主持与美英德等的通商谈判。著有《林下笔记》《嘉梧稿略》《橘山文稿》等。

② 〔韩〕金允植著，刘顺利导读：《王朝间的对话——朝鲜领选使天津来往日记导读》，第60 页。

③ （清）游智开：《藏园诗钞》，清光绪九年印十年改易增补本（上图本）。

④ 详参《妥筹朝鲜制器练兵折》光绪六年九月二十七日，（清）李鸿章：《李文忠公奏稿》卷38，民国景金陵原刊本。

光绪七年（1881），朝鲜使团成行，以金允植为首，所列有姓名者六十九人，包括从事官尹泰骏、别遣堂上下元圭等。① 此使团实有两大任务，一是带领学员来华学习军备技术，二是与美国谈判开埠通商、联美拒日事。从光绪七年（1881）十一月使团见到游智开到次年七月金允植回朝鲜，游智开多次来往于固安、保定、天津几地，推动相关事宜进展。

比如光绪七年（1881）十二月二十八日，金允植一行从保定绕道来固安拜访游智开，二人笔谈。《阴晴史》云：

> 主人曰：两奉保定所寄手书，具悉。和议总于明春在天津定妥为是……客曰：兹有《谈草》及美使书呈览……（主人）书示曰：不立教堂，此条宜紧拒之。在中朝为属国，与各国言之则为自主。此际说得极为得体。其余均可相机行之。……主人曰：所可虑者，通商事，国人皆曰不可。窃意此等大事务，须明明白白，反反复覆，俾切开导。俾上下大小臣民，咸晓然于时势之不可拘执。如盘庚迁殷之然费苦心，则得矣。……主人曰：务必大诰于国，方能内振朝纲，外御强敌。古未有上下不同心同德而能立国者，此事自在执事之力言于贵国王耳。②

金游二人谈及美朝通商谈判事，时间地点为明春天津。游氏论及具体通商事宜，强调不要在朝鲜国内设立教堂，并且应该反复劝导民众，上下一心，同意通商。同时游氏还表明，虽然朝鲜在中国为属国，对于其他各国，则为自主之国。③ 又如光绪八年（1882）三月初一，《阴晴史》记载游氏金氏之交谈：

> （金曰）：鱼、李两人方由营口入来，未知何日当到津……游曰：明日回署，不过数日，恐又有天津之役也。昨见傅相及周玉山并幕府，

---

① 〔韩〕金允植著，刘顺利导读：《王朝间的对话——朝鲜领选使天津来往日记导读》，第27~28页。
② 〔韩〕金允植著，刘顺利导读：《王朝间的对话——朝鲜领选使天津来往日记导读》，第126~127页。
③ 〔韩〕金允植著，刘顺利导读：《王朝间的对话——朝鲜领选使天津来往日记导读》，第126~127页。

皆言俟美国电报回时，鱼、李二君将到。务必将此事勾当也。①

可知游氏因为朝美天津谈判一事，反复来往于天津与治所固安之间，且对具体细节，如朝方代表鱼允中等的具体达到时间非常关注。又如《阴晴史》四月十三日记载：

> 游曰：向日中国于兵乱中议约，事或见绌，无假争辨。今贵国定约于无事之日，理宜从容随意，不可吃亏，且问民心，皆欲通商否？余曰：民心尚不以为然。游曰：宜明切开谕，使知不得已、不可已之故也。②

游氏交代金氏与美谈判时不要吃亏，并且让百姓知道通商一事为"不得已、不可已"。在各方努力下，三四月间，中美朝三国的谈判从天津转至汉城，金弘集与薛斐尔在济物浦签订《韩美修好通商条约》，朝鲜对外开放。

游氏不仅关心谈判通商一事，也关心朝鲜学徒在华学习情况。如金允植《阴晴史》八年三月初一记载：

> 游问曰：闻贵国学徒，亦有聪颖可望成就者有数人，且闻学徒已先归国者多，何也？余曰：有遭故者，有亲病者、身病者、无才者、在此无益者，先遣归国。因曰：敝邦学徒，不惯远游久客，今未几朝，因事故而归者已过十余人。愚意欲得其紧要梗概，从速撤回。设小局于敝邦，以为制造之始。……未知文丈意如何？游曰：极好，好。然须奏明贵国王，且禀我中堂乃可。③

游氏问及朝鲜学徒的学习情况与先行归国原因，金允植列举缘由，并提出学习最重要的技术，然后撤回朝鲜，"以为制造之始"，游氏以为极好。

---

① 〔韩〕金允植著，刘顺利导读：《王朝间的对话——朝鲜领选使天津来往日记导读》，第200 页。

② 〔韩〕金允植著，刘顺利导读：《王朝间的对话——朝鲜领选使天津来往日记导读》，第266 页。

③ 〔韩〕金允植著，刘顺利导读：《王朝间的对话——朝鲜领选使天津来往日记导读》，第229～230 页。

（四）游智开为代表的中方送予卞元圭所在使团大批书籍

两国在外交中互赠礼物是非常普遍的情况。光绪八年（1882）四月二十六日，金允植使团即将回国之际，游智开、郑藻如、王筱云、许其光、刘含芳、周馥联名致信金允植、尹泰骏，感谢朝鲜国所送礼品，并附回礼清单，其中包括西方科技相关书籍五十余种，① 涉及采矿、冶金、化学、机械、汽车、船舶、航海、数学、电学、军事等多个领域。这批赠书非常重要，可以直接服务于朝鲜之后的改革发展。而金允植使团，正是卞元圭所在使团。

（五）朝鲜国王曾送游智开礼物

光绪六年（1880）冬，朝鲜国王命卞元圭寄书信、经籍、药物与游氏，游氏则铸剑回馈朝鲜国王，兼赠以《双剑奉答朝鲜国王》诗。此前游氏屡遗书其国，相言宜大修政教，谋所以自强。可见游氏在朝鲜与西洋通商及朝鲜谋求自强二事上，不仅对朝鲜使臣有所启发，对朝鲜国君亦有一定影响力。游氏《双剑奉答朝鲜国王》序云：

> 朝鲜贫弱，倭东俄北，强邻逼处，智开屡遗书其国，相言宜大修政教，谋所以自强。而合肥李太傅复劝其与西洋通商，为牵制邻敌计，朝鲜廷议未决。光绪六年冬，国王命其臣卞元圭寄书于智，并惠经籍、药物，因铸剑报之，兼缀以诗。②

游智开与朝鲜国王的交往，使朝鲜使臣对游氏青眼相加。

---

① 包括：《运规约指》《地学浅释》《制火药法》《金石识别》《汽机发轫》《化学鉴原》《汽机新制》《化学分原》《汽机必以》《御风要术》《开煤要法》《航海简法》《防海新编》《西艺知新续刻》《器象显真》《营城揭要》《克虏伯操法》《营垒图说》《克虏伯造法》《测候丛谈》《水师操练》《平圆地球图》《代数术》《西国近事巢汇》《行军测绘》《列国岁计政要》《声学》《三角数理》《冶金录》《井矿工程》《海塘辑要》《格致启蒙》《四裔编年表》《数学理》《海道图说》《水师章程》《爆药纪要》《董方立遗书》《电学》《九数外录》《谈天》《勾股六术》《东方交涉记》《开方表》《三才纪要》《对数表》《算法统宗》《弦切对数表》《八线简表》《恒星图表》《算学启蒙》《八线对数简表》《轮船布陈》，参见〔韩〕金允植著，刘顺利导读《王朝间的对话——朝鲜领选使天津来往日记导读》，第276～277 页。

② （清）游智开：《藏园诗钞》，清光绪九年朝鲜活字印本（国图本）。

（六） 朝鲜使臣迎合中国士大夫著述流传海外的荣耀心

中国士大夫有"三不朽"情结，如果其作品能流传海外，自然是无上荣耀。正是出于这一心理，《藏园诗钞》各序中反复强调本书曾流布朝鲜。如光绪九年（1883）卞元圭跋云：

> 爰付剞劂，寿之枣梨。等声价于南金，广流播于东国。噫！乘槎他日，愿更求白傅之诗。工绣有人，当永颂平原之德。①

卞跋强调排印是为了让游诗流布朝鲜，并将游氏与白居易并举。又如光绪十一年（1885）傅钟麟跋云：

> 昔鸡林贾人购白傅诗，不过慕其名，购数诗以重归装耳。兹卞君则非实佩厥心，岂肯为是。②

傅氏亦将游智开与白居易相比，甚至说朝鲜人不过是买数卷白诗归国，但游诗却是直接被朝鲜人排印。又如稍后的崔师范、晏修、庄鼎臣等人序跋，都会特别强调游书在朝鲜刷印流布一事。

总之，《藏园诗钞》朝鲜活字本的出现，并非单纯因为游、卞二人良好的私交关系。在晚清中朝政治外交的背景下，它更像是以卞元圭为代表的朝鲜国向以游智开为代表的清政府所做出的政治回礼。

三 《藏园诗钞》所体现的朝鲜本水准

梳理了《藏园诗钞》刷印的始末与印制原因，我们再来探讨其实物版本特征。国图本外封题签云"藏园诗钞/卞钟献署签"，次内封镌"藏园诗钞"，次牌记"光绪九年仲夏/吉云馆活字印"，次"光绪癸未端阳节朝鲜卞元圭撰"序，次正文。鱼尾上方镌"藏园诗钞"，下方刻叶码。卷端第一行

---

① （清）游智开：《藏园诗钞》，清光绪九年朝鲜活字印本（国图本）。
② （清）游智开：《藏园诗钞》，清光绪十二年刻本。

刻"藏园诗钞"，第二行刻"古今体诗"，第四行有游智开署名。四周单边，白口，单黑鱼尾。每半叶十行，每行大字二十一字。正文起《皎皎明月》，终《登石景山》。

以国图所藏几乎未经删改的原本来看，此本体现了朝鲜活字本的基本特征。①

其一，外封由一层硬厚纸再覆一层薄款蓝色压花纸，所用均为皮纸；而中国刻本外封纸张相对薄软。

其二，单股染色线五眼等距装订；而中国本一般为双股线四眼装订，且四眼距离中间短两头长。

其三，纸张乃朝鲜本一大特色。纸张为朝鲜皮纸，纤维长、纸质厚、纸色白；而中国本纸张多样，有皮纸、竹纸、麻纸、混料纸等。中国的皮纸比之朝鲜纸打浆更细，纤维相对短，纸薄许多。

其四，开本 31×20.4cm，内框 21.9×14.1cm，中国本一般开本相对较小。朝鲜本的开本大与他们受中国明代内府本影响有直接关系。

其五，此本以朝鲜木活字印刷，字大悦目，墨黑如漆，刷印清晰，字体在宋体字范畴，但带有较强的书法意味，用小篆刊刻的牌记也非常精美。另外卞元圭的序用骈文书写，也体现了极高的汉文水平。

其六，朝鲜毕竟已经有了自己独立的语言文字系统，因此对复杂汉文的把握偶有欠缺。此本初印本有一些文字校勘错误，回流中国以后，游智开用小样覆盖的方式一一改正其文字错误。如叶十《恭承》"冠盖苔荛若云起兮，出入乎许史金张"句，"苔荛"二字，游氏用小样覆盖的方式替换为"岧峣"二字。"苔荛"，传说中的鬼物。"岧峣"，高峻、高耸之意。原本误，校改正确。此本文字错误并不多，而同时期普通中国本因为校勘不精，出错概率也不低。

其七，此本避清讳，如避讳"玄""宁"，体现了其政治属性。

从实物上看，此本体现了鲜明的朝鲜本特征，也体现了朝鲜极高的活字印刷水平与汉文修养，更印证了"东亚文化圈"的说法。此本虽然不能与同时代最顶尖的中国刻本活字本比肩，但也处在上等水平。

① 关于朝鲜本的实物特征与鉴定方式，参见陈正宏《域外汉籍及其版本鉴定概说》，《中国典籍与文化》2005 年第 1 期，第 14~15 页。

四 《藏园诗钞》所见晚清中朝外交关系举隅

《藏园诗钞》中保存了大量与朝鲜文人有关的诗歌。如写给李裕元的《见李橘山行年叹感而和之》《摩山四咏为朝鲜李橘山作》《橘山寄和六十初度诗因迭韵答之》《盆橘一株赠朝鲜使臣李橘山》，写给姜海沧的《寄姜海沧》《送朝鲜使臣姜海苍返国》《又送姜白石》，写给沈士民的《寄怀朝鲜沈士民》，写给朴梧西的《送朴梧西》，写给卞元圭的《赠朝鲜卞吉云》《再赠卞吉云》《天津赠卞吉云》，写给朝鲜高宗的《双剑奉答朝鲜国王》，写给李裕元、姜海沧二人的《朝鲜赠答诗五首》，又如《和朝鲜使臣金鳌玉蝀桥玩月》等。此为研究中朝诗歌交流的一手材料，也是研究晚清中朝关系的重要文献。

（一）朝贡体系下朝鲜的中国认同

《藏园诗钞》朝鲜活字本是中朝外交的特殊产物，其中文字所反映的多为朝鲜对中国文化之认同。比如卞元圭光绪九年（1883）为《藏园诗钞》所作序云：

> 中国夙推声明文物之邦，不乏儒雅风流之彦。文章则韩潮苏海，健笔独扛。词赋则屈艳班香，藻思绮合。①

卞序反映了朝鲜长久以来推崇学习中国文化的现象。又如游智开《朝鲜朴梧西道过永平，相会于萧寺，自言居国之会贤坊，常约同寮为东坡作生日，是夕梦东坡来访，因名所居为梦苏室，乞为诗歌，别后作此寄之》，② 体现了苏轼在朝鲜的影响——朝鲜文人也像中国文人那样为东坡作生。再如《藏园诗钞》的光绪九年朝鲜活字本中凡涉及清讳者，如"玄""宁"等，皆一一避讳。这体现了朝鲜士人中有一部分人奉清为正统。

此外，不少中方人员仍然用朝贡体系眼光看待中朝关系。如光绪十一年

---

① （清）游智开：《藏园诗钞》卷首，清光绪九年朝鲜活字本（国图本）。
② （清）游智开：《藏园诗钞》卷首，清光绪九年朝鲜活字本（国图本）。

（1885）傅钟麟为《藏园诗钞》所作跋云：

> 我朝文教覃敷，远逮化外。凡藩服使臣朝贡来京，多与中朝士大夫唱和。其事其诗，有足传者，而莫奇于游子代廉访与朝鲜使臣卞吉云联吟事。①

傅氏仍将朝鲜视为藩属国，津津乐道于藩属国使臣将中国官员诗集带回朝鲜并加以排印一事，强调朝鲜人对中国诗歌、中国文化"实佩厥心"，充满了文化优越感，而没有看到当时的世界局势和中国的危机。

（二）李、游等清廷官员为朝鲜之谋划

虽然有人还沉浸在天朝上国的迷梦中，但游智开等已敏锐地意识到危机所在。《藏园诗钞》中多次涉及清廷希望朝鲜联西方拒日俄的历史细节。比如游氏《李太傅座间即事》三首：

> 连朝为客筹东海，过耳归鸦噪晚天。官烛两行烧又尽，相公犹手草苔笺。（其一）
> 舆图历历指朝鲜，俄北倭东界并连。看到橘山迁谪处，不禁却立意凄然。（其二）
> 使臣纱帽倚华筵，深晓时艰计万全。我亦棋观当局定，敛襟危坐耸吟肩。（其三）②

金允植《阴晴史》光绪八年（1882）三月初一记载：

> （游智开）仍问李橘山尚在巨济否。余（金允植）曰：间已蒙恩典赐环矣。游喜动于色，曰：幸甚，幸甚。仍于片纸书去岁在保定傅相座中，自己口占绝句三首。③

---

① （清）游智开：《藏园诗钞》，清光绪十二年刻本。
② （清）游智开：《藏园诗钞》，清光绪十二年刻本。
③ 〔韩〕金允植著，刘顺利导读：《王朝间的对话——朝鲜领选使天津来往日记导读》，第200 页。

游氏所录即《李太傅座间即事》，由此知三诗同作于光绪七年（1881）。第一首赞颂李鸿章为朝鲜筹谋东海之辛劳。第二首明确了所担忧的具体事宜，即朝鲜北临俄国、东临日本，国际形势不容乐观。橘山，即李裕元。李氏在光绪元年（1875）出使中国时与游智开定交，彼时游智开在永平知府任上。[1] "看到橘山迁谪处，不禁却立意凄然"，则指光绪七年（1881）朝鲜发生辛巳斥邪运动。此前经游智开介绍，李裕元与李鸿章多有通信，李鸿章劝李裕元早些联合西方开埠通商，以抵御日本、俄国的势力。李裕元将其中部份李鸿章的信件在报纸上公布，引起日本和朝鲜国内轩然大波。光绪七年（1881）七月，儒臣弹劾李氏"犯人臣外交之罪"，儒生反对向西方国家开放门户，朝鲜国内大乱。安骥泳打算趁机起兵推翻闵妃集团，后被镇压，许多儒生被处死。李裕元被流放巨济岛，但不久还朝。关于信件被泄露一事，李鸿章在金允植出使时还专门问过，表现出了不满。[2] 第三首写出了中朝双方对当时局势的担忧与筹谋。正是在这种担忧之下，才有了光绪七年（1881）下半年到光绪八年（1882）金允植、卞元圭率团出使中国、学习中国军备，并与美进行天津谈判、开埠通商一事。

再如光绪九年（1883）作《赠朝鲜使臣闵翰山》三首，其一"论交顾我情何限，谋国如君计特工。畿内已闻新乱靖，故人宁止慰离衷"，[3] "新乱"指前一年的壬午兵变；其三"努力安全图上策，君王仁厚久称贤"，[4] 即希望朝鲜君臣能寻求安定国家之上策。

对游智开在推动朝鲜联美抗日俄一事上的种种努力，卞元圭光绪九年（1883）为《藏园诗钞》所作序称赞云：

> 通海国，而干公重茧之劳谁慰。候天津，而纳刺容蟠之惠难忘。时措得宜，屡荷题言之开释。交情吐款，谬承华什之唱酬。[5]

---

① 《密劝朝鲜通商西国折》，（清）李鸿章：《李文忠公奏稿》卷 34，民国景金陵原刊本。
② 〔韩〕金允植著，刘顺利导读：《王朝间的对话——朝鲜领选使天津来往日记导读》，第63 页。
③ （清）游智开：《藏园诗钞》，清光绪十二年刻本。
④ （清）游智开：《藏园诗钞》，清光绪十二年刻本。
⑤ （清）游智开：《藏园诗钞》卷首，清光绪九年朝鲜活字本（国图本）。

《藏园诗钞》中关于晚清中朝外交细节的描述，可以与史料相互印证，对探究晚清中朝关系的发展有一定帮助。

五　余论

朝鲜长期以"小中华"自诩，不管是政体上还是文化上，都对传统中国社会有高度认同。起初朝鲜对清廷并不认同，明朝灭亡后很长一段时间内，朝鲜仍用崇祯年号或者甲子纪年，甚至有反清复明的打算。随着清廷政治的巩固、军事实力的强大以及清廷对汉文化的重视，朝鲜才对清廷逐步认同。鸦片战争以后，世界局势风云变幻，西方资本主义国家政治先进、科技发达、军事强盛，中国被撬开大门，一步步沦陷。朝鲜也在几个大国之间艰难生存，当时的部分士大夫抱着最后的希望，试图从中国寻求帮助，而中国也希望通过保住朝鲜来遏制俄国、日本侵蚀中国的步伐。因此李鸿章通过游智开力劝朝鲜人学习西方军械技术，与美国通商、联美拒日。在朝鲜使臣带领工匠来华学习并与美国谈判时，游智开尽可能为朝鲜使团提供方便，令朝鲜人感动不已。两国使臣之间试图遵循春秋战国时代的旧例，以《毛诗》作外交辞令，而且多有诗歌唱和，二者的文化认同感也在彼时达到一个高点。

光绪九年（1883），朝鲜使臣卞元圭将游智开诗稿带回朝鲜。光绪十年（1884）卞元圭以朝鲜传统活字印刷术排印《藏园诗钞》，并且给游智开寄回中国百部。这是可以和传统"书帕本"形成某种呼应的礼品书，而且也极有可能是有清一朝朝鲜人最后一次以传统刷印方式制作当时中国人的著述。《藏国诗钞》可算是中朝两国文化认同的见证。随后朝鲜陷入内乱，日本、俄国加紧对朝鲜的侵扰；而中国在甲午战争失利、戊戌变法失败、八国联军侵华的接连打击下摇摇欲坠。朝鲜不再是中国藩属国，走向了"去中国化"之路，并在很长一段时间内处于日本掌控之中。

《藏园诗钞》虽为一部不起眼的小书，但如果把它放到晚清中朝外交的背景下考察，便会发现其独特的史料价值、文学价值、书籍史价值。它所体现的书籍与外交的关系，颇具代表性。

Books and Diplomacy: A Study about the Late Qing Dynasty and Korea's Diplomatic Relationship Through *CangYuan Poems* which was a Korea Wooden Type

Luo Qin

Abstract　Bian Yuangui published You Zhikai' *CangYuan Poems* in Korea in 1883, and then he sent back 100 copies to china. The reason why Bian Yuangui published it was not just for personal relationship, but also related with Late Qing Dynasty and Korea's Diplomacy. You Zhikai' helped Korea send a delegation to China to study advanced technologies and let Korea negotiate with America for opening the port to trade. He also received the Korea ambassadors for more than ten years and was the intermediary between the two countries. He sent more than 50 books about the western science and technologies to the Korea diplomatic corps, and the Korea king also gave him some presents in the past. The Korea wooden type book was a gift book to strengthen two country's relationship, and it may work in connect with traditional ShuPaBen. Through evaluating the paper and binding method and size and proofreading level , this Korea wooden type book had high level in traditional publishing technology. *CangYuan Poems* are not only important in society policy diplomacy culture in late Qing dynasty , but also important in publication history and literature.

Keywords　You Zhikai; *CangYuan Poems*; Korea' bibliology; China and Korea's diplomacy

朝鲜王朝《英祖实录》纂修考[*]

张光宇

【内容提要】 朝鲜王朝实录仿中国古代的官方修史制度，是朝鲜最重要的国史记录形式。朝鲜第 21 代国王英祖在位时间长达 53 年，正祖时所修《英祖实录》多达 127 卷，厘清其纂修过程和有关细节，有助于考察《朝鲜王朝实录》的详细纂修流程。《英祖实录》历时约三年半纂成，其间共有六任总裁官，各类堂上、郎厅等百余人参与修史，大体经历了"抄节"、"纂修"、"改纂修"、"校正"、"校雠"和"印刷"等阶段。《英祖实录》编纂的过程一定程度上反映了正祖朝初期的政治趋向。

【关键词】 朝鲜王朝 实录 英祖 正祖

【作者简介】 张光宇，历史学博士，曲阜师范大学国际文化交流学院副教授，历史文化学院硕士生导师。

实录是中国古代重要的官修编年体国史，发端于南朝。唐以来，史馆制度确立，新君为前朝帝王纂修《实录》渐成定制，《实录》也成为撰作前代纪传体正史的重要依据。朝鲜半岛史学为中国史学之支流，受中国传统史学影响的同时，亦演化出其自身特色。对朝鲜《实录》的研究，有利于探明

---

* 本文系 2017 年教育部人文社会科学研究青年基金项目"朝鲜王朝正祖时期的官方史学研究（1776～1800）"（项目号：17YJC770041）和 2019 年教育部人文社会科学研究青年基金项目"《朝鲜王朝实录》研究"（项目号：19YJC770010）的阶段性成果。

中国传统史学在东亚周边各国之发展和变化。①

　　朝鲜半岛在高丽朝初年便设有史馆，修纂《实录》，但已不存。朝鲜王朝实录是朝鲜王朝（1392 ~ 1910）最重要的国史记录形式，记录从朝鲜太祖到哲宗② 25 朝国王长达 472 年的历史，共 1893 卷 888 册，约 5000 万字。这一庞大的历史记录，现为韩国国宝和世界文化遗产。它载有国王敕教、大臣疏启、法律条文、下属官厅誊录、外交文书、君臣对话、重要事件的讨论记录等，涉及朝鲜时代的政治、外交、军事、经济、法律、宗教等各方面的历史，以资料丰富而著称于世，是研究朝鲜历史和这一时期东亚史的重要历史文献，极具价值。

　　一般情况下，大行国王升遐后，后继国王会在春秋馆设置专门的临时机构——实录厅，负责编纂前朝《实录》。第 21 代国王英祖（1724 ~ 1776 年在位）③ 是朝鲜王朝最为长寿的国王，且在位时间长达 53 年，后继者正祖（1776 ~ 1800 年在位）时所修《英祖实录》也是较长的一部，多达 127 卷，83 册。记录《英祖实录》修纂情况的《英宗（祖）大王实录厅仪轨》是现存《实录厅仪轨》中最为完备的一部，其记载有助于进一步厘清《英祖实录》的纂修过程和有关细节，并可据此推演出《朝鲜王朝实录》的详细纂修流程。

一　《英祖实录》纂修的准备与人员管理

　　正祖即位后（1776），马上命设撰辑厅，议撰英祖行状、谥状，又设校

---

① 国内学者的研究，见刘永智《东北亚研究——中朝关系史研究》中第四部分《李朝实录评价》，中州古籍出版社，1994，第 291 ~ 302 页；孙卫国《〈明实录〉与〈李朝实录〉之比较研究》，《求是学刊》2005 年第 2 期；曹中屏《朝鲜朝历史学与编纂学考》，《韩国研究论丛》第 22 辑，世界知识出版社，2010；周海宁《中国文化对高丽、朝鲜时代史学之影响研究——以史学体例和史学思想为中心》第五章第一节，上海师范大学博士学位论文，2013；孙卫国、郭江龙《〈朝鲜王朝世宗实录〉的编纂与中国实录传统的影响》，《史学理论研究》2015 年第 3 期；张光宇《朝鲜王朝后期政治与实录纂修——以〈景宗实录〉的修正为中心》，《当代韩国》2015 年第 2 期；郭江龙《"戊午史祸"与"王权伸张"——朝鲜燕山君时期〈成宗实录〉的编纂与影响》，《史林》2016 年第 5 期。从总体上看，国内学者对《朝鲜王朝实录》的史学史视角研究较为欠缺。
② 哲宗以后的高宗、纯宗《实录》是日韩合并以后，由日本人主导编成，体例、史观与原有《实录》相异，不被韩国史学界认可。
③ 其实录原为《英宗实录》，因高宗二十六年（1889），"英宗"被升格为"英祖"，现一般称《英祖实录》。

正厅,① 校进英祖御制;② 七月,就已想要仿列朝之制,设立实录厅纂修《英祖实录》。③ 但因稳定王统的时局所需,《英祖实录》修纂只得让位于辨明"即位义理"的《明义录》。同时正祖将阻碍自己即位的洪麟汉、郑厚谦赐死,外戚丰山洪氏和庆州金氏都被攘除政界。④《英祖实录》在《明义录》完成后才开纂,已是正祖元年(1777)五月时。正祖任命金尚喆为实录总裁官,⑤ 还与洪国荣商议,由奎章阁人员助修《英祖实录》;⑥ 六月,任命实录厅都厅和三房堂上、郎厅,下《实录厅事目》。⑦ 正祖还想差李徽之为实录厅堂上,但他上疏要求回避修史。⑧ 此后不久,又出现了洪相范等人的谋逆事件,因而有了《续明义录》的编纂,对《英祖实录》开局有所耽搁。⑨ 新君在纂修大行大王《实录》之前,先修他书,在朝鲜王朝实属罕见,这体现了朝鲜中后期以来,官方史学的义理化、政治化导向,也一定程度上反映了《实录》地位的下降。⑩

直到正祖二年(1778)二月,《续明义录》完成,《英祖实录》才终于正式开纂,实录厅设在庆熙宫前;六日,重新任命了新的实录厅堂上和郎厅

---

① "校正厅"设立于成宗时期(1469~1494),最早是负责最终检讨《经国大典》而设。后来,不仅负责对王室官修典籍的校正(大部分重要的官修书籍都设立过相应的校正厅),还负责对典籍的谚解工作。校正步骤分为对原稿、底本、印出本、完成本的校正(见〔韩〕张原演《朝鲜时代古文献的校正记录研究》,庆北大学硕士学位论文,2008)。
② 《朝鲜王朝正祖实录》卷1,即位年三月壬午,汉城:国史编纂委员会,1955~1958,第44册,第562页。
③ 《删节厅誊录》丙申七月,《英祖大王实录厅仪轨》上册,奎章阁藏写本(奎14171)。
④ 详见张光宇《义理·政治·史学:朝鲜王朝官修〈原续明义录〉及其影响》,《域外汉籍研究集刊》第18辑,中华书局,2019。
⑤ 《朝鲜王朝正祖实录》卷1,元年五月辛巳,第44册,第670页。
⑥ 《承政院日记》,正祖元年五月十八日。全文引用《承政院日记》处均据韩国国史编纂委员会《承政院日记》数据库:http://sjw.history.go.kr/main/main.jsp。
⑦ 《删节厅誊录》,丁酉六月十日、十六日,《英宗大王实录厅仪轨》上册。
⑧ 《朝鲜王朝正祖实录》卷3,元年六月癸亥,第44册,第675页。
⑨ 详见张光宇《义理·政治·史学:朝鲜王朝官修〈原续明义录〉及其影响》。
⑩ 英祖时期,大臣对《实录》编成后是否应洗草《时政记》多有非议,因为这样会导致日后的修正无史料可依,这也是造成朝鲜《实录》不公不信的表现。英祖十七年(1741),还变化了史官制度,由"翰林自荐制"改为"翰林圈点制",这是英祖为了实现荡平,主导王权运行的结果;也是对史官因党色而曲笔的警惕,是为了保证《实录》所谓真实性、公正性的一种努力。史官的被任免和正式被纳入官僚系统,标志着史官群体作为"清要"地位的弱化,相反地,官方对其控制又被加强。朝鲜后期史官懈怠记史不周,《实录》囿于党争而难为信史。英祖以降,《实录》地位下降的重要标志,就是正祖朝始纂的《日省录》开始冲击《实录》为主体的"国史体系"。

（如表 1 所示），① 堂上郎厅人员均兼带"春秋"之衔。随后，正祖又改革实录厅官名。因以前"实录"和"春秋"并用的官衔重复了史职，所以正祖"命实录厅诸臣二品以上，曰知实录事、同知实录事；三品以下实录修撰、纂修等官，随品启下，着为式"。②

表 1   《英祖实录》1778 年开纂时的实录厅主要人员

总裁官	议政府左议政金尚喆
都厅堂上	判中枢府事徐命膺、议政府左参赞黄景源
都厅郎厅	吏曹左郎沈丰之、礼曹左郎郑志俭、副司果沈念祖
一房堂上	兵曹判书李徽之、江华府留守李福源、吏曹判书金钟秀
一房郎厅	前修撰尹行恁、弘文馆副修撰金憙、兵曹正郎赵时伟、前校理朴祐源
二房堂上	刑曹判书蔡济恭、行副司直洪乐命、开城府留守俞彦镐
二房郎厅	弘文馆修撰林蓍喆、弘文馆校理郑宇淳、前校理沈有镇、弘文馆副修撰南鹤闻
三房堂上	吏曹参判徐浩修、弘文馆副提学吴载纯、承政院左承旨郑民始
三房郎厅	副司果洪明浩、弘文馆修撰安圣彬、弘文馆副校理李儒庆、弘文馆校理严思晚

由表 1 可见，英祖实录厅从建立伊始就按照惯例，分房编修，共设三房，总裁官、都厅堂上和各房堂上均为高官。总裁官 1 人，都厅堂上为 2 人，各房堂上均为 3 人，各房郎厅为堂下官，均为 4 人。"三房"堂郎在删抄《时政记》完毕后会减下，随后设置的校正厅、校雠厅、监印厅等还要设置堂上和郎厅。《英祖实录》先后设有总裁官 6 名、堂上 36 名、郎厅 77 名，共 119 名。③ 此外，还有初草、中草书役的誊录郎厅和正书阶段的粉板郎厅，其他人员还包括书吏、库直等员役，实录厅修缮、活字制板、印出正本的各种工匠等。

总裁官由礼曹从领议政和左右议政中选出 2 ~ 3 人，由国王落点其中 1 人而定，主要负责报告国王《实录》纂修的总体情况、传达王命和总体指导《实录》的编修，实录厅的"关文"也由总裁名义发布。《英祖实录》编纂过程中，共有金尚喆、徐命善、李溆、洪乐纯、李徽之、郑存谦六任总裁。其

---

① 《删节厅誊录》，戊戌二月六日，《英祖大王实录厅仪轨》上册。
② 《朝鲜王朝正祖实录》卷 5，二年二月乙卯，第 45 册，第 13 页。
③ 参见《总裁官纂修校正校雠堂上郎厅并录》，《英祖大王实录厅仪轨》下册。但《校雠厅誊录》辛丑七月六日条（《英祖大王实录厅仪轨》上册）中，记录为：总裁官 5 名、都厅堂上 17 名、各房堂上 27 名、都厅郎厅 19 名，各房郎厅 58 名，共 126 名。

中，只有李徽之的任期最长，达 124 日，他负责的时期正是《英祖实录》进入校正、校雠的关键时期。首任总裁金尚喆虽最早赴任，但《英祖实录》实际开纂已然是 1778 年二月以后，他只担任了一个月的总裁。因总裁官都是高官兼任，他们不必时常入仕实录厅，而是接收郎厅们的报告，指示工作。

《实录》编纂官大部分都担任实录厅堂上、郎厅。只有在最初删节《时政记》阶段，设三房堂上，之后的初草都由都厅堂上负责。都厅堂上又先后成为校正堂上、校雠堂上。都厅堂上主管编摩，一般由时任大提学担任，是《实录》初草、中草等编摩事务的实际负责人。郎厅则负责实录厅中最为直接和繁重的工作，各房差出郎厅 3 人，还得负责守值和夜班。后来，大部分书役分给誊录郎厅和粉板誊录郎厅负责，誊录郎厅与都厅郎厅一起，把郎厅完成的初草、中草内容，分别制成初草册和中草册，粉板郎厅把中草至粉板上正书。誊录郎厅和粉板郎厅实际上是同一批人，一般为从九品的权知承文院副正字中差出。①

值得注意的是，史官多是兼职，除了中央官僚，也有地方官。史官的任命多是临时性的，在纂修过程中，因外朝官厅事务而发生转职等身份变动、身体患病等个人原因，实录厅各堂上和郎厅的人员流动异常频繁。他们一边任职，一边编纂《英祖实录》，当缺人手时，正祖会命这些官员"递除"外朝职务，专心编摩《英祖实录》，这体现了《实录》编纂的优先性。所以，表 1 中各堂郎的人员经历了数次变动，这些都详细记录在《实录厅仪轨》当中。而各堂郎经常性缺勤，则伴随了《英祖实录》编纂的全过程。一开始，《英祖实录》纂修就面临人员短缺的问题，如三房堂上不备员，"连因朝家之有事，堂郎不得逐日仕进，故其间未免停撤云矣"。② 尤其知实录事蔡济恭，因其党色与主持《英祖实录》的多数老论堂上不同，多次"悬病不进，已至数朔之久"③ "连日不为仕进"④。甚至出现因参编人员太少，纂修工作被迫停止的情况。⑤

---

① 参见〔韩〕姜文植《由〈仪轨〉看〈英祖实录〉的编纂体系》，《朝鲜时代史学报》第 54 期，2010，第 217 页。

② 《承政院日记》，正祖二年五月七日。

③ 《承政院日记》，正祖三年六月二十日。

④ 《承政院日记》，正祖四年九月十八日。

⑤ 《承政院日记》，正祖四年八月九日。

没能按照惯例在第一时间修前朝《实录》，或许让正祖感到了压力，因此他对《英祖实录》的编纂极为催促，且不顾纂修工程之浩大，称："至于《实录》纂辑之役，即不过抄节一事，有何难乎？"① 设厅伊始，他就要求不可像《肃宗实录》那样进行长达十余年的纂修，要在一二年内完成。② 正祖多次命史官前去实录厅"摘奸"，对其效率低下表示不满："今日送史官摘奸，则非但堂郎有颐，抄节之数极少，如此则实无可成之日，不可不各别申饬矣。"③ 他还加强了对实录厅人员出勤和抄节效率的监察："注书诣实录厅，堂郎有颐与否，摘奸以来。抄节之日字多寡知来。"④ 也屡屡有堂郎因"尚不出肃，无意行公，事体所在，极为寒心"，该同知实录、修撰官被从重推考。⑤ 对于长期抗旨不出的蔡济恭，正祖曾下教严格申饬："纂史之开局，凡今几年，前后申饬，非止一再，而为堂郎者……实多间断，延拖抛置，汗青无期……而复踵怠慢之习者，勿论堂郎，直请罢职之意，使总裁官知悉。"⑥

正祖还严厉惩治擅离职守的史官。兼春秋金匦国"擅离本厅，莫知去向。屡度催促，终不入来，以致入侍史官之无人"，被"从重论，笞五十收赎"。⑦ 各堂郎要"各于职姓名下，以所校所纂所写日月，每年史草讫工后，悬注入启"，⑧ 以便掌握进度和监督工作量。英祖在位时间长达53年之久，《英祖实录》却仅耗费三年多的时间就修完，速度之快史无前例，这都归功于正祖不厌其烦地对参修人员摘奸、饬教和惩戒。

二 《英祖实录》的抄节与纂修

自正祖二年（1778）二月十八日起，由各房负责抄节《时政记》。⑨

---

① 《承政院日记》，正祖二年二月二十四日。
② 《承政院日记》，正祖二年二月十九日。
③ 《承政院日记》，正祖二年二月二十二日。
④ 《承政院日记》，正祖二年二月二十三日。
⑤ 《承政院日记》，正祖二年五月二十三日。
⑥ 《承政院日记》，正祖三年八月二十五日。
⑦ 《承政院日记》，正祖四年六月二十二日、二十六日。
⑧ 《承政院日记》，正祖五年三月八日。
⑨ 《删节厅誊录》，戊戌二月十八日，《英祖大王实录厅仪轨》上册。

《时政记》是《实录》修纂的最核心资料，始于世宗十六年（1434）；至肃宗时，《时政记》的纂修凡例发生变化，更注重对有关国政的重要内容进行选编、整理，这为后来《实录》的纂修提供了便利。①《时政记》奉出春秋馆，必须由翰林史官负责，以4~10年为单位输送至实录厅，由各房抄出。除了《时政记》，相应年份的《承政院日记》一般也会从承政院被同时移到实录厅，②在抄节《时政记》后，《承政院日记》成为《实录》记事选择的基准和参考资料。所要录入《实录》的部分要在《承政院日记》上付标，用于日后与草本对比。《承政院日记》与《时政记》一起，成为《实录》编纂的重要资料。表2为"抄节"阶段《时政记》和《承政院日记》移入实录厅情况。

表2 "抄节"阶段《时政记》和《承政院日记》的移入情况*

次	移入日	所抄节《时政记》的年限	是否有《承政院日记》
1	1778年2月19日	4年（1724~1727）	有
2	2月27日	4年（1728~1731）	有
3	3月2日	6年（1732~1737）	有
4	3月10日	10年（1738~1747）	有
5	3月19日	10年（1748~1757）	有
6	3月23日	10年（1763~1772）	无

*笔者根据《承政院日记》相关记载整理。

由表2可知，在"抄节"阶段，《时政记》共有6次、相应年份的《承政院日记》共有5次移往实录厅。最后一次的《日记》没有移往实录厅，正祖的解释是："或不无不可烦人眼目处，而此则虽三房罢后，都厅犹可抄节，姑勿输去"，③由此扣下了这十年的《日记》。"抄节"完成后，三月二十七日，三房堂郎就被减下，各房堂上行司直、副司直、郎厅、司果等裁撤。④

然而，由表2可见，由实录厅"抄节"的部分仅为英祖即位年至英祖

① 参见〔韩〕姜文植《由〈仪轨〉看〈英祖实录〉的编纂体系》，第218~219页。
② 〔韩〕姜文植《由〈仪轨〉看〈英祖实录〉的编纂体系》认为《承政院日记》是在"删节"《时政记》结束以后，才用来校正之用的（见氏文第203页），这种说法疑似有误。
③ 《承政院日记》，正祖二年三月二十三日。
④ 《删节厅誊录》，戊戌三月二十七日，《英祖大王实录厅仪轨》上册。

三十三年（1724～1757）的《时政记》和《日记》、英祖三十九年至英祖四十八年（1763～1772）的《时政记》，而英祖三十四年至英祖三十八年（1758～1762）、英祖四十九年至英祖五十二年暨正祖即位年（1773～1776）这近十年的《时政记》和《日记》都没有输送实录厅。这是因为，这些年份的记录涉及诸多敏感的历史事件：英祖三十五年（1759）是正祖被册封为世孙之年；英祖三十八年（1762）发生了"壬午祸变"，正祖生父庄献世子被英祖杀死；英祖四十九年到正祖即位年（1773～1776）是正祖作为东宫，代理英祖听政的时期；正祖还需与洪麟汉、郑厚谦等反对势力博弈，以求顺利即位。可见，这些时间段的记录，关系到正祖的王统来源、其父亲名誉以及宣扬即位合法性的需要，正祖不得不慎重处理其书写问题。这鲜明地体现了王权对《实录》纂修的干涉，也反映出《实录》的政治性特点。

这些敏感年份的"抄节"没有交由实录厅各房，而是交给了李徽之编纂。李徽之是在景宗（1721～1724 年在位）时"辛壬士祸"中死去的李颐命之弟、李观命的儿子，是正祖信赖的近臣，属于老论的清流派，曾担任大提学一职，因党色与蔡济恭素来不和。实录厅设立后，李徽之即以行兵曹判书之职任都厅堂上，后来曾任总裁官。在三房已撤下后，由其负责敏感部分的《时政记》抄节。大臣私纂《实录》的情况，是较为罕见的。李徽之的编修地点最初可能也在实录厅，后来则"纂修处所，别为开局于云观"。① 李徽之的"抄编"工作大致在 1778 年四月至 1779 年十月之间，如表 3 所示。

表 3　李徽之负责"抄编"的《时政记》和《承政院日记》情况*

次	移奉日	所抄节《时政记》的年限	是否有《承政院日记》
1	1778 年 4 月 8 日	2 年（1760～1761）	有
2	1779 年 3 月 7 日	2 年（1773～1774）	无
3	5 月 2 日	1 年（1775）	无
4	7 月 5 日	3 年（1758～1760）	无
5	9 月 21 日	2 年（1762、1776）	有

* 笔者根据《承政院日记》相关记载整理。

---

① 《承政院日记》，正祖三年二月十一日。

至 1779 年十月十四日，李徽之已完成了正祖即位年（1776）二月到三月的《时政记》"抄节"和修纳。完成后，正祖命其将所编封于匮中，送于实录厅。因李徽之是私修，《时政记》在使用完毕后，要交于实录厅，等待日后洗草。①

由实录厅各房"抄节"《时政记》后而成的草本，从 1778 年四月就进入了下一个纂修流程。对原稿的正书需要誊录郎厅，各房减下的同时，誊录郎厅五人差下，② 之后就开始"纂修"的阶段。这时，纂修厅从各种资料中选拔记事，通过对其整理、综合而形成《实录》的初草，③ 即对原"抄节"本的完善过程，所需要参考的资料非常全面：

> 今此《实录》修正时，《政院日记》外，备边司状启轴、禁府推案、承文院事大文书诏敕及本朝教书、有实文书、观象监灾异及外方风雨地震等各项文书、两铨除拜及登科规式可考文书、户曹田税均役出役等文书、宣惠厅各仓田赋各年出役可考文书、刑曹汉城府狱讼可考文书、礼曹各项仪注宪章交邻可考文书、御史书启。并以甲辰（1724）八月以丙申（1776）三月至，以上文书没数收聚，待令于本厅，为有如可凭考时分付，即时捧纳本厅……甘结内辞缘相考举事：备边司、义禁府、吏曹、礼曹、宣惠厅、户曹、兵曹、刑曹、汉城府、承文院、观象监、军器寺、工曹、丰储仓、广兴仓、军资监。④

除《承政院日记》外，中央和地方官署，包括备边司、义禁府、汉城府、承文院、观象监、军器司、六曹等都要按要求上交英祖年间的公文资料至实录厅。与此同时，还会定下《纂修凡例》，主要规定《实录》的编载内容。依旧制《凡例》一般都是 14 项，《英祖实录》亦如此。除上面列举的内容

---

① 《承政院日记》，正祖三年十月十四、十五、十六日。

② 《删节厅誊录》，戊戌三月二十七日，《英祖大王实录厅仪轨》上册。

③ 也有学者认为，《时政记》抄节完毕后的本子，就是"初草"，如〔韩〕吴恒宁：《正祖初期〈英祖实录〉编纂研究》，《民族文化》第 29 辑，2006，第 325 页。而韩国学者姜文植不同意此观点，他通过对《实录厅仪轨》的《纂修厅甘结秩》中只有初草的用纸情况判定，初草是成于"纂修阶段"之后。见氏文《由〈仪轨〉看〈英祖实录〉的编纂体系》，第 203 页。

④ 《删节厅甘秩》，戊戌二月二十三日，《英祖大王实录厅仪轨》下册。

外，还有史官《时政记》、注书《日记》、内外"兼春秋"所记、事变、推鞫注书《日记》、"名臣书卒有阙者及所书疎略者"、"台谏所启"、"疏章紧关者"和"军兵数及京外法制与户口数文书"等内容。①

"纂修"阶段由实录厅的都厅负责，需参考大量资料，补入重要的内容，删去重复和不必要的叙述。都厅的堂上实行"分年撰出"的方式，这可能是从英祖时编《肃宗实录》后开始实行的方式。这一阶段工作量大，经常需要加派人手。如 1778 年四月十四日，就增加了五名郎厅；五月二十二日，正祖命差出四名堂上；② 六月九日，"都厅堂上，既已加差，书役浩繁，郎厅五员，无以分排"，又加派了郎厅。③ 因《承政院日记》记载冗杂，考据艰难，给《英祖实录》纂修带来一定困难。④ 正祖要求定期把堂上、郎厅的出勤单子整理后上报；为防止怠工，还不定期派史官前去"摘奸"。

《英祖实录》的纂修过程体现出浓厚的政治意味。史官要参考多种资料，也要有自己的立场："大抵《实录》之撰修，有异于《日记》与正史，大处则间有立纲，参入已见……故自多持久之端，难以时日而责成矣……而此非刻期收杀之事，多有论难详审之处，以泛然闻见，不可轻易是非。苟或以一分私意，参错于其间，论人臧否，笔之于书，则大失修史之本意，必以平心公眼，十分详慎，书诸简册，然后可免谬妄之失，庶有记实之功矣。"⑤ 但是在《实录》纂修中真正做到"平心公眼"，即要避免党论的影响却是难上加难。此外，史草时常遭到泄露，纂修人自然看到了很多信息。朝鲜王朝的几次"史祸"，皆起自史草流出而被大臣利用，打击政敌。正祖十分担心，称："夫《实录》史法，何等严秘，而漏泄史草，教诱台臣。然则，做出史祸，亦不难矣。大抵实录厅出后，将无完人，甚可闷也。"⑥

1779 年四月到 1780 年一月，都厅堂上黄景源、柳戆、金鲁镇、李普

---

① 《实录纂修厅誊录》，《英祖大王实录厅仪轨》上册。此外，《英祖实录》的参考资料还可能有政院事变注书《日记》、《国朝五礼仪》、家藏史草和承政院注书的《日记》等。参见〔韩〕姜文植《由〈仪轨〉看〈英祖实录〉的编纂体系》，第 224～225 页。
② 《实录纂修厅誊录》，戊戌四月十四日、五月二十二日，《英祖大王实录厅仪轨》上册。
③ 《承政院日记》，正祖二年六月九日。
④ 《承政院日记》，正祖二年八月六日。
⑤ 《承政院日记》，正祖二年闰六月十八日。
⑥ 《朝鲜王朝正祖实录》卷 8，三年十一月甲辰，第 45 册，第 136 页。

行、李性源等人负责的《英祖实录》陆续完成纂修。① 1780年四月十六日，《英祖实录》"各堂文字编摩已经完成，所编史草、《时政记》等诸册子，一一柜封"。② 历时约两年的"纂修"告一段落。

三 《英祖实录》的改纂修与校印

"纂修"结束后，实录厅设校正堂郎，负责校正《实录》初草。李徽之被任命为总裁官，③ 这大概是因为他负责了敏感时期的《英祖实录》纂修。四月十九日，黄景源、李福源、金钟秀等差为校正堂上，金宇镇、朴天衡等为校正郎厅，"所撰文字各出诸堂之手，未成一统之文，及今差出校正堂郎一边校正，然后可谓完书而始当入梓矣"。④ 因为初草是由不同的堂上分年各自负责纂修的，文字与叙述难以统一，所以需要经过校正，《实录》中草可能是在"校正"阶段之后形成的。⑤ "校正"主要是统一体例，需考出先王的《实录》进行参考。金钟秀、赵玻、金载瓒等就一同去艺文馆考出《实录》，进行确认。⑥

1780年七月以来，堂上蔡济恭、俞彦镐、金钟秀等多有事不仕，校正工作进展缓慢；且因纂修过快，校正时发现了一些问题，从1780年九月六日至1781年四月二十六日间，又进行了"改纂修"。

赵璥曾言《实录》纂修资料浩繁，而"互相抵牾。纂修者，只凭其删节；校正者，只据其纂修……今《英庙实录》所载者，为五十三年之多……速则忙，忙则错，必然之理也"。⑦ "改纂修"是在历朝《实录》纂修中都没有出现过的阶段，这侧面反映出正祖君臣对《英祖实录》纂修的

---

① 《承政院日记》，正祖三年九月十七日、十一月二十日，正祖四年一月六日。

② 《承政院日记》，正祖四年四月十六日。

③ 《校正厅誊录》，庚子四月十六日，《英祖大王实录厅仪轨》上册。

④ 《校正厅誊录》，庚子四月十六日，《英祖大王实录厅仪轨》上册。

⑤ 韩国学者吴恒宁认为，"纂修阶段"之后的本子，就是"中草"，见氏文《正祖初期〈英祖实录〉编纂研究》，第329页。而韩国学者姜文植不同意此观点，他通过对《实录厅仪轨》的《校正厅甘结》中有中草的用纸情况判定，中草是成于"校正阶段"之后。见氏文《由〈仪轨〉看〈英祖实录〉的编纂体系》，第207页。

⑥ 《校正厅誊录》，庚子四月二十九日，《英祖大王实录厅仪轨》上册。

⑦ 〔朝鲜王朝〕赵璥：《实录厅题名记序》，《荷栖集》卷6，韩国民族文化推进会编《韩国文集丛刊》，汉城：景仁文化社，2000，第245册，第340~341页。

要求之高。也是因正祖过分催促，《英祖实录》纂修在效率提高的同时，未能保证质量。"改纂修"仍由纂修郎厅负责，只是在原纂修的草本上，对内容进行标示而已。至 1781 年闰五月二日，校正堂上蔡济恭和赵玹完成校正；十五日，校正堂上李命植也完成校正。①

前面提到，李徽之曾秘密抄节敏感时期的《时政记》。正祖还曾"以戊寅（1758）以后，十年《政院日记》，授徽之，任其纂修。仍饬勿令诸堂郎参见"。之后，正祖命李徽之为总裁官，特别强调由总裁官李徽之亲自编摩的"十年《实录》"，"诸堂不可就此笔削"，而是"先以此十年，直为入刊"。这样，这些年份的《英祖实录》草本，并没有和其他草本一样经历"校正"阶段，就直接刊印了，表面上是为了节省时间，实则是为了保证敏感期记录之隐秘性。② 正祖十分关心《英祖实录》中对其即位前史事的记载，要求必须与《明义录》统一口径："第《明义录》既出之后，乙未年（1775）间事迹，须照检为之也……然后可以立天下之大防，正百代之大义，故予所以言及者，良以此也。"此事也是由李徽之负责。③ 可知，这一年的《英祖实录》内容大量参考了《明义录》，这也是《英祖实录》纂修中体现的政治考量。

"校正"完成后的中草还需要经过活字试印，试印后的本子还要经过再次校正，这一阶段即为"校雠"。这两阶段实际上基本是同时进行的，一定量校正后的草本，马上就会进入试印和校雠阶段。校雠堂上为蔡济恭、俞彦镐，郎厅为柳谊、徐有成、林锡喆。④ "校雠"是对字眼的修正和增减，共有九种方法。⑤ 1780 年四月二十二日，活字被从校书馆移至实录厅，⑥ 印刷在龙虎营举行。校雠厅用粉板印刷的方式，五月二十八日，差出粉板郎厅，⑦ 负责将中草内容誊至粉板上；六月四日，开始印刷，⑧ 由奎章阁外阁人员负责。

① 《校正厅誊录》，《英祖大王实录厅仪轨》上册，辛丑闰五月二日、十五日。
② 《朝鲜王朝正祖实录》卷11，五年三月庚辰，第45册，第216页。而《承政院日记》记录为三月八日。
③ 《承政院日记》，正祖五年三月二十八日。
④ 《承政院日记》，正祖四年四月十六日。
⑤ 详见〔韩〕吴恒宁《正祖初期〈英祖实录〉编纂研究》，第331页。
⑥ 《来关秩》，庚子四月二十二日，《英祖大王实录厅仪轨》下册。
⑦ 《校正厅誊录》，庚子五月二十八日，《英祖大王实录厅仪轨》上册。
⑧ 《承政院日记》，正祖四年六月四日。

实录厅仪轨《校雠厅甘秩》中，试印用纸为"初、再见"纸。印出的"初现""再现"① 被校正误字、补字，才能形成最终的正本。② 在《英祖实录》的"校正""校雠"阶段，有关年份的《承政院日记》仍在以不定数量、频次的形式输送至实录厅，③ 史官擅自取阅《日记》还曾引起正祖不满。这说明《承政院日记》从《实录》"抄节""纂修"到"校正""校雠"几个阶段，或许都在被使用。因"校正""校雠"是同时进行，所以"校正"的效率决定了"校雠"的效率，"校正"之慢就是由于初草纂修过急，未能编好，所以"校正"之初，又有了上文提到的"改纂修"阶段。由于"校正""校雠"停役，还导致了1780年九月七日至1781年三月九日的试印被迫中断，这时的校正堂郎只得又变为纂修堂郎，参与"改纂修"工作。

正祖多次催促改纂修的进程，并对"改纂修"耽搁"校正"工作表示不满，提出解决方案。他说："今之所谓改纂修者，从后观之，安知不若前纂修之疏漏也？今后如非不得不改纂修者外，一并仍旧贯付之校正"，即要求减少所谓"改纂修"的部分，还要求在校正中对"旧件"和"改纂修件"的情况要区别上报，形成草记、别单。④ 他还批判"改纂修"之役不得法，因为在长期的改修中，都是"尽弃元本，并欲改誊别本"，这导致"事工迟滞"，效率低下。于是他要求在原本上直接删改即可，省去誊抄的时间。

1781年三月十日至四月二十六日期间，是"改纂修"、"校正"、"试印"和"校雠"都同时进行的时间。人员任命灵活，纂修堂郎、校正堂郎、校雠堂郎身份时常互换。五月下旬，"校雠"完成，开始对正本印刷。闰五月二十九日，李徽之请将英祖谥状与玉册、哀册在《英祖实录》中"合付"。⑤ 所以，《英祖实录》就没有单独的附录了，而是录入最后一卷，成为其一个部分。《英祖实录》最终本的印刷，可能是从六月十二日开始的，在

---

① 吴恒宁持不同意见，认为"初、再现"本是校正厅的产物，见氏文《正祖初期〈英祖实录〉编纂研究》，第331页。

② 在《英祖大王实录厅仪轨》中并未出现"正草"一词。

③ 据笔者通过《承政院日记》做的不完全统计，从1780年五月十六日至1781年四月四日，英祖时期不同年份的《承政院日记》，共有16次被输入实录厅。

④ 《承政院日记》，正祖五年二月十五日。

⑤ 《朝鲜王朝正祖实录》卷11，五年闰五月辛未，第45册，第244页。

这前一天，正祖传"实录厅监印郎厅明日来待"。① 监印郎厅为洪明浩、柳谊等人，据洪明浩称，每日印 30 板，每一板印出 5 张，共 900 余字，约 4450 板，则二万多张。之所以还没有"妆䌙"，是因为"或有误字"，又"若以刀割付糊，则恐有虫蚀之虑，且事系莫重，故辄至数三次考准"。② 这说明即便是最终的本子，印刷过程中还要再勘误加工，故而先多次考准才敢"妆䌙"。据校正郎厅黄升源称，《英祖实录》为 83 卷，奉安五处史库，共 415 卷。③《英祖实录》最终于正祖五年（1781）六月二十日活字印出，实际妆䌙450 卷。④

四　《英祖实录》纂成的后续流程

1781 七月一日，《英祖实录》和《景宗修正实录》⑤ 一并从实录厅移奉于艺文馆。《英祖实录》"纂修"等阶段所需的《承政院日记》，从次日起，被陆续移送回承政院。"《时政记》及中草，则《实录》奉安春秋馆之时，并送于本馆，姑为留藏，以待洗草"，⑥ 印刷用的活字，也还回外阁。奉安史库由实录厅负责，原定于七月三日奉安，由于正祖"动驾"景慕宫，而推迟到六日。这天，《英祖（宗）大王实录》（凡 83 册，含《附录》1 册，五处史库所藏合 420 册）由总裁官以下堂郎及春秋馆领监事以下堂郎，陪进奉安于昌德宫春秋馆史库。奉安五处史库的《英祖实录》合为二十二柜，而每柜分其年条，一柜所储四五卷或六七卷，《英祖实录》暂时奉藏于春秋馆，待日后再陆续分藏于其他四处名山史库。正祖施赏了参与两《实录》纂修（修正）的史局诸臣，并命考出先例，准备遮日岩洗草及宣酝等事宜。⑦

这日，正祖还任命都厅堂上工曹判书李命植、都厅郎厅军资监正黄升

---

① 《校雠厅誊录》辛丑六月十一日，《英祖大王实录厅仪轨》上册。
② 《承政院日记》，正祖五年六月十二日。
③ 《承政院日记》，正祖五年六月十八日。
④ 《校雠厅廿结秩》辛丑六月二十日，《英祖大王实录厅仪轨》下册。
⑤ 《景宗修正实录》也为正祖时期纂修，详见拙文《朝鲜王朝后期政治与实录纂修——以〈景宗实录〉的修正为中心》。
⑥ 《承政院日记》，正祖五年七月一日。
⑦ 《承政院日记》，正祖五年七月六日。

源、司谏院司谏洪明浩，使之依例修正《实录仪轨》。① 总裁官为郑存谦，他们即为"仪轨堂郎"。此外，正祖还设立了实录仪轨厅，定"实录厅仪轨事目"，② 开编《英祖（宗）大王实录厅仪轨》，在七月二十六日完成，③ 被制成五部，奉藏于五处史库。《实录厅仪轨》的纂修，主要是为后世提供《实录》编纂的借鉴，其本身也是一种国家性的历史记录。《英祖（宗）大王实录厅仪轨》不仅记载了《英祖实录》编纂的过程，对其中各种事件、国王传教、实录厅有关奏启文、人员和物品的详细情况也事无巨细地分类记录，反映了朝鲜王朝在具体的印刷业、档案保存等领域的专业水平。这体现了《实录厅仪轨》在历史学、文献学、记录学、科学技术等方面的意义。在朝鲜后期文化中兴和转型的背景下，由于正祖对官方史学活动的重视，该《仪轨》也成为现存朝鲜王朝历朝《实录厅仪轨》中，最为完备的一部。④

虽然当时朝鲜国内出现自然灾害，正祖仍坚持遵行先朝之例，举行宣酝。七月二十二日，遣中使宣酝实录堂郎于议政府。⑤ 二十五日，遣承旨宣酝实录堂郎于遮日岩，在当日完成了洗草。洗草由春秋馆负责，"曾经实录堂郎人员齐会于遮日岩"，洗草内容包括英祖朝《时政记》及《英祖实录》初草、中草、初再见。同时洗草的还有《景宗修正实录》的初草、中草和初再见，共19柜。⑥ 至此，《英祖实录》的纂修终于结束。

综上，《英祖实录》凡83册（含附录1册），127卷，自正祖二年（1778）二月正式设厅纂修，在正祖五年（1781）七月奉安和洗草，历时约三年半。其间共有六任总裁官，各类堂上、郎厅及其他人员百余人参与修史，大体经历了"抄节"、"纂修"、"改纂修"、"校正"、"校雠"和"印刷"等阶段，由初草、中草、初再见，到形成最终的定本。不仅编修过程繁琐、所参考的文献也十分浩繁。正祖从始至终关注其进展，通过摘奸和惩戒方式，

---

① 《承政院日记》，正祖五年七月六日。
② 参见《实录厅仪轨事目》，《英祖大王实录厅仪轨》上册。
③ 《仪轨厅》，辛丑六月二十六日，《英祖大王实录厅仪轨》下册。
④ 奎章阁现存从《光海君日记》到《哲宗实录》的15种《实录厅仪轨》。关于《英祖大王实录厅仪轨》的专门研究，详见〔韩〕申炳周《〈实录厅仪轨〉的编纂和制作物资研究——以〈英宗大王实录厅仪轨〉为中心》，《朝鲜时代史学报》第48辑，2009。文中还对《实录厅仪轨》所反映出的《实录》纂辑所需的物资、保管和所需药材等细节问题，做了细致分析。
⑤ 《朝鲜王朝正祖实录》卷12，五年七月壬戌，第45册，第256页。
⑥ 《承政院日记》，正祖五年七月二十五日。

使得在位53年的英祖大王的《实录》，仅用了三年多时间便完成修纂。《英祖（宗）大王实录厅仪轨》也成为最为完备的实录编纂仪轨。《英祖实录》编纂的过程，一定程度上反映了正祖朝初期的政治趋向：第一，正祖并未在即位后依照先例开纂《英祖实录》，而是囿于即位前后的谋逆事件，急于纂修《原续明义录》来拱卫即位的合法性；第二，正祖将英祖朝有关敏感年份的《时政记》《承政院日记》抽出，不经由实录厅编纂，而是交由近臣李徽之私修，甚至不经实录厅校正就直接入刊，体现君王个人意志对官方重大史学活动的干预；第三，正祖关注有关《英祖实录》史草等资料的隐秘性，生怕传出后引起政治祸端。这些都说明，朝鲜王朝实录作为最重要的官修国史，必然受政治因素的干预，这一点与中国《实录》纂修的理念颇为相通。

The Compilation of *Annals of King Yeongjo* in Joseon Dynasty

Zhang Guangyu

Abstract Imitated the official compilation system in ancient China, The annals of Joseon Dynasty was the most important form of national history records. As the 21st generation of Joseon Dynasty, the reign of King Yeongjo lasted for 53 years, and as many as 127 volumes of *Annals of King Yeongjo* were complicated in King Jeongjo's reign. To clarify the process and details of it, was helpful to investigate the detailed process of the compilation of The *Annals of Joseon Dynasty*. The compilation of *Annals of King Yeongjo* lasted for about three and a half years. During the period, there were six chief executives, and included Dangsang officials, Lang cheong officials more than 100 people participated in this compilation. In general, it had experienced such stages as " copying ", "compilation", "revising", "correcting", "textual criticism", "printing" and so on. In the process of compilation of *Annals of King Yeongjo*, it partly reflected the political trend in the early King Jeongjo's reign.

Keywords Joseon Dynasty; Annals; King Yeongjo; King Jeongjo

熊津百济初创期的合法性诉求及其运作[*]

李 磊

【内容提要】475 年百济于熊津重建都城，但因王权脆弱，百济陷入内乱之中。文周王虽以盖卤王"避难以续国系"之辞论述其统治合法性，然而文周王自身却为盖卤王政治路线的背离者。在熊津百济初期的政局中，文周王代表的是熊津地域集团，与之相对的还有大豆山城集团、仓下集团等。文周王之死、解仇之叛，都是以"国中大姓"为主角的地域集团争斗的结果。与新罗、加耶的同盟是熊津百济的立国基石，与倭国无关。熊津百济创建期试图获得北魏支持、与勿吉联兵。然而宋、齐易代后的新天下秩序中，百济"方任"的位置为倭取代，故而有建元二年（480）朝贡南齐求除授之举。百济爵号的恢复，标志着熊津百济的创建获得中国王朝的承认。

【关键词】百济 熊津 文周王 南齐

【作者简介】李磊，历史学博士，华东师范大学历史学系教授，博士生导师。

475 年 9 月，百济王城被攻破，盖卤王被杀。次月，文周王移都于熊津，由此开启了百济的熊津时代，直至 539 年圣王移都于泗沘。① 按武宁王

---

* 本文为国家民委民族研究一般项目（项目号：2019 – GMB – 004）、上海市浦江人才计划项目(项目号：14PJC030)和教育部留学回国人员科研启动基金资助项目（第 50 批）的阶段性研究成果。

① 〔朝鲜〕金富轼著，杨军校勘：《三国史记》卷 26《百济本纪第四》，吉林大学出版社，2015，第 307、314 页。

所称，百济在熊津时代"更为强国"。① 然而，百济的复国历程并不顺利，文周王、三斤王均王祚短暂，文周王更是死于非命。关于文周王的身份，中、日、韩史籍记载矛盾之处颇多，这些疑点其实是熊津百济初创期政治隐秘性的表现。文周王、三斤王时代的政治动荡与政治隐秘性，均表明熊津百济在初创期面临着较为严峻的合法性论述问题。② 本文旨在通过探究百济复国前后的国内外情势，考索熊津百济初创期的合法性诉求及其运作，由此展现百济熊津时期的立国路线与时代特点。

一　熊津百济初创期的统治合法性问题

据《三国史记·百济本纪第四》，文周王四年九月，继位不到四年的文周王为兵官佐平解仇所杀。太子三斤继位后，"军国政事，一切委于佐平解仇"。解仇敢于弑杀文周王，并在弑君后掌控"军国政事"，这一非常事态反映了熊津百济初创期王权的脆弱性。解仇于文周王二年八月拜为兵官佐平，"擅权乱法，有无君之心，王不能制"。③ "有无君之心，王不能制"在一定程度上说明文周王王位合法性的不足。

关于"文周王"事迹，诸史记载不一。《南齐书》、《南史》与《梁书》在盖卤王余庆之后有百济王"牟都"的记载。④ 《日本书纪》称"百济为高

---

① 《梁书》卷 54《百济传》，中华书局，1973 年标点本，第 804 页。
② 对于熊津百济与汉城百济间的时间断限与相互关系，参见權五榮「漢城百濟의 時間的 上限과 下限」，『百濟研究』53 卷，2011，pp. 131–157；김병남「백제문주왕대의웅진천도 배경」『歷史學研究』32 卷，2008，pp. 37–59。关于文周王的身份，李基东认为即中国史籍中的"牟都"（参见氏著「中國 史書에 보이는 百濟王 牟都에 대하여」，『百濟史研究』，서울：一潮閣，1996，pp. 152–156）。关于熊津百济早期的政治史线索，이용빈认为文周王系与昆支王系之间存在斗争，构成了熊津百济初期政治斗争的主要线索（参见氏著「熊津初期 百濟의 王權과 政治權의 向方」，『先史 와 古代』19 卷，2003，pp. 185–206）；홍성화认为昆支更有资格继承盖卤王王位，故而在倭人支持下其子东城王继三斤王之后登上王位（参见氏著「熊津時代 百濟의 王位繼承과 對倭關係」，『百濟文化』45 卷，2011，pp. 43–66）；森公章认为在熊津百济复国与王位继承上，倭人为了掌控北部加耶地域而深度干预（参见氏著『東アジアの動乱と倭国』、吉川弘文館、2006 年、88～105 頁）。
③ 〔朝鲜〕金富轼著，杨军校勘：《三国史记》卷 26《百济本纪第四·文周王》，第 308 页。
④ 《南齐书》卷 58《高丽国传》，中华书局，1972 年标点本，第 1011 页；《南史》卷 4《齐本纪上》，中华书局，1975 年标点本，第 111 页；《梁书》卷 54《百济传》，第 804 页。

丽所破"之后，其王为"汶洲王"。① 金富轼认为"《三韩古记》无牟都为王之事"，因而在《三国史记》百济王系中不载"牟都"，而记"文周王"，其自注又云文周"或作汶洲"。② 学界通常以"汶洲""牟都"音近而拟定二者指称同一人。③ 在中古音中，"文"声母为微部，韵母为文部；"汶"声母为明部，韵母为真部；"周""洲"同音，声母为章部，韵母为尤部。"文周王"与"汶洲王"为近音异写。"牟"声母为明部，韵母为尤部；"都"声母为端部，韵母为模部。"牟都"与"文周"、"汶洲"并非同音，"牟"为"汶洲"促读发音。

百济王生前王号一般为"人名＋王"的格式，④ 如《三国史记》记武宁王之名作"斯摩"，⑤《百济武宁王志石》记其爵号"宁东大将军百济斯麻王"。按此规律，"文周"当为"文周王"名讳。又刘宋大明二年（458），盖卤王余庆上书孝武帝请求除授百济官僚以官职，名单中有名为"余都"者。⑥"余"为百济王姓，"都"为人名，"余都"即是用汉字书写的文周王姓名。"牟都"乃是"牟＋都"，即文周王之百济名与汉名的联称。对于文周王之汉名，齐、梁王朝十分清楚，《梁书·百济传》记述百济王系时，单以"都"字指称文周王。如其记牟都之死，作"都死"。

关于文周王的身份，《三国史记》记作盖卤王之子，《梁书·百济传》《南史·百济传》记牟都为余庆之子。《日本书纪》卷 14《雄略天皇》"廿一年春三月"条自注云："汶洲王，盖卤王母弟也。"⑦ 有观点认为"母弟"可解读为"母之弟"，⑧ 然而在汉字语境中，"母弟"仅指同母弟。又《日本书纪》同卷"廿年冬"条注引《百济记》："盖卤王乙卯年冬，狛大军

---

① 國史大系編修會編、『日本書紀』（前篇）卷 14「雄略天皇」、吉川弘文館，1971 年、388 頁。
② 〔朝鲜〕金富轼著，杨军校勘：《三国史记》卷 26《百济本纪第四·东城王》自注，《百济本纪第四·文周王》自注，第 307、311 页。
③ 坂元義種、『百济史の研究』、塙書坊、1978 年、165 頁。
④ 李磊：《4 世纪中后期百济政权的建构与早期百济史的编纂》，《史林》2017 年第 3 期，第 22～29 页。
⑤ 〔朝鲜〕金富轼著，杨军校勘：《三国史记》卷 26《百济本纪第四·武宁王》，第 312 页。
⑥ 《宋书》卷 97《百济国传》，中华书局，1974 年标点本，第 2394 页。
⑦ 國史大系編修會編、『日本書紀』（前篇）卷 14「雄略天皇」、388 頁。
⑧ 坂元義種、『百济史の研究』、169 頁。

来，攻大城七日七夜，王城降陷，遂失慰礼城，王及大后王子等皆没敌手。"① 按其所述，百济王城城破之时，王子"皆没敌手"，文周王为盖卤王之弟的可能性更大。

《三国史记·百济本纪四》载："初，毗有王薨，盖卤嗣位，文周辅之，位至上佐平。"② 自近肖古王"始有书记"以来，常例以王弟出任佐平，如阿莘王拜庶弟洪为内臣佐平，腆支王拜庶弟余信为内臣佐平，后又拜为上佐平，"上佐平之职始于此，若今之冢宰"，③ 而以王子出任佐平的情形则不见于记载。从《三国史记》"盖卤嗣位，文周辅之"等叙事来看，文周年岁较长，在王室地位较高。在刘宋大明二年（458）孝武帝的除授名单中，"余都"为辅国将军。按晋、宋制度，辅国将军与征、镇将军同，置司马，有五百大车、兵五百人的辅国营、亲骑百人、官骑十人。按宋官品，辅国将军为第三品，而百济王镇东大将军亦仅为第二品。④ 可见，在以刘宋职官为标识的百济权力架构中，"余都"品位仅次于百济王，这与其在百济职官中所任"若今之冢宰"之上佐平的地位相称。

正因如此，在汉城百济覆亡后，文周能够成为百济复国运动的核心人物，并得以继承王位。文周之所以能幸运地躲过汉城覆灭之难，乃是在城破之前离开了王城。关于文周离开的理由，《三国史记》中有两种不同的说法：

（盖卤王）谓子文周曰："予愚而不明，信用奸人之言，以至于此。民残而兵弱，虽有危事，谁肯为我力战？吾当死于社稷，汝在此俱死，无益也，盍避难以续国系焉？"文周乃与木劦满致、祖弥桀取南行焉。⑤

盖卤在位二十一年，高勾丽来侵，围汉城。盖卤婴城自固，使文周求救于新罗，得兵一万回。丽兵虽退，城破王死，遂即位。⑥

① 國史大系編修會編、『日本書紀』（前篇）卷14「雄略天皇」、388 頁。
② 〔朝鲜〕金富轼著，杨军校勘：《三国史记》卷 26《百济本纪第四·文周王》，第 307 页。
③ 〔朝鲜〕金富轼著，杨军校勘：《三国史记》卷 25《百济本纪第三》，第 297、299 页。
④ （唐）杜佑撰、王文锦等点校：《通典》卷 34《职官十六》，中华书局，1988，第 940 页；同书卷 37《职官十九》，第 1007 页。
⑤ 〔朝鲜〕金富轼著，杨军校勘：《三国史记》卷 25《百济本纪第三·盖卤王》，第 305 页。
⑥ 〔朝鲜〕金富轼著，杨军校勘：《三国史记》卷 26《百济本纪第四·文周王》，第 307 页。

文周求救于新罗之事，《三国史记·新罗本纪第三》的记载是："秋七月，高勾丽王巨连亲率兵攻百济，百济王庆遣子文周求援。王出兵救之，未至，百济已陷，庆亦被害。"① 这段记载与《百济本纪》有所差异，行文并未明确文周求援是否在汉城围城之后。关于汉城城破的时间，《百济本纪第三》《高句丽本纪第六》作"秋九月"，《日本书纪》卷14《雄略天皇》作"冬"。《三国史记》史料源自三国旧史，编纂则以新罗为中心。② 相较于高句丽史、百济史，新罗史之史源更加有据。《新罗本纪》所载"秋七月"的时间，或为文周抵达新罗、通报百济覆亡在即之危情的时间。

依上所述，时任上佐平的文周在汉城百济覆亡之时离开王城，实有赴新罗请援的考虑。至于《百济本纪第三》所述文周受命于盖卤王"避难以续国系"，则为文周即位后为弥补其合法性之不足所做的政治宣传。按上引《百济记》所述，"王及大后王子等皆没敌手"，《高句丽本纪第六》亦言长寿王"杀其王扶余庆，虏男女八千而归"。③ 在475年的围城战中，百济朝廷已然彻底覆灭，其文书、册命皆难以流出。《百济本纪》所谓盖卤王命文周"避难以续国系"，只可能是熊津百济建构期的宣传辞令，旨在为文周未能"死于社稷"开脱，并论述其王位是来自盖卤王的授权。

文周的王位继承属非常之事，这是解仇"有无君之心，王不能制"的根由所在。

二　"国中大姓"、地域集团与熊津百济初期的王位更迭

上引《三国史记·百济本纪第三》所记盖卤王之语"愚而不明，信用奸人之言，以至于此"，实涉及百济复国的根本问题，即汉城百济覆灭的责任归属。这段或为虚构的言辞借盖卤王之口自认承担亡国之责，固然为未能"死于社稷"的文周王赢得了更为宽松的舆论环境，但更为重要的则在于宣示盖卤王执政路线的全面失败。所谓"信用奸人之言"，是指盖卤王听信间谍僧人道琳的建议，烝土筑城、修建毗有王陵墓以及缘河树堰。④ 然而考诸

① 〔朝鲜〕金富轼著，杨军校勘：《三国史记》卷3《新罗本纪第三·慈悲麻立干》，第39页。
② 苗威：《关于金富轼历史观的探讨》，《社会科学战线》2012年第3期，第101~108页。
③ 〔朝鲜〕金富轼著，杨军校勘：《三国史记》卷18《高句丽本纪第六·长寿王》，第228页。
④ 〔朝鲜〕金富轼著，杨军校勘：《三国史记》卷25《百济本纪第三·盖卤王》，第304~305页。

史实，这些大型工程修建的背景是泰始五年（469）刘宋失青冀二州，东亚世界的均势被打破，百济面临来自北疆的巨大军事压力，故而盖卤王着手构建边疆、王城的总体防御体系。①

盖卤王之所以被塑造成"愚而不明"的形象，乃与文周王调整统治政策、迎合百济大族有关。按上引盖卤王所言，百济灭亡的内因是"民残而兵弱，虽有危事，谁肯为我力战"。这表明在亡国危机关头百济内部有着严重的分裂，所谓"谁肯为我力战"，乃指百济"国中大姓"不肯为盖卤王作战。盖卤王推行的路线是依赖王族，在大明二年（458）给孝武帝的上表中，列有请求除授官职的十一人，其中王族余氏占八人。② 在这一路线下，百济"国中大姓"或与敌人暗通款曲，或从王城出走，甚至有部分大姓与敌人合兵。如攻灭百济的领兵将领再曾桀娄、古尔万年均为百济人，他们不仅攻破王城，而且追杀盖卤王至汉江边，"向王面三唾之，乃数其罪，缚送于阿且城下戕之"。③《三国史记》本注云"再曾、古尔，皆复姓"，颇疑古尔氏即古尔王后裔。475 年的汉城之战，实际上是盖卤王依靠王族、王城，与宿敌及百济大姓联合势力之间的战争。④

文周离开王城，也是百济内部的一次重大分裂。虽然如上文所述，文周王离开王城或有请援新罗的一面，但更为真实的动机乃是不愿"死于社稷"。这一动机为百济遗民所共晓，故而文周王要虚构盖卤王"避难以续国系"之命来回护。文周王离开王城之时，"与木劦满致、祖弥桀取南行"。金富轼在处理这段史料时引《隋书·百济传》，言木氏、劦氏均为百济"国中大姓"。文周王南行，其实是率领木、劦、祖弥等大姓出走。这些大姓是文周王复国的依靠力量。《三国史记·百济本纪第四》云文周"爱民，百姓爱之"，正是指文周王对百济"国中大姓"的迎合，以及"国中大姓"对他的拥护。

正因"国中大姓"势力强大，故而《三国史记》称文周王"性柔不断"，⑤ 实际表明了其受制于"国中大姓"的弱势君主处境。文周王随后为

① 李磊：《汉城百济覆灭考论——兼论刘宋衰亡的东亚影响》，《社会科学》2017 年第 6 期，第 144～152 页。
② 《宋书》卷 97《百济国传》，第 2394 页。
③〔朝鲜〕金富轼著，杨军校勘：《三国史记》卷 25《百济本纪第三·盖卤王》，第 305 页。
④ 李磊：《汉城百济覆灭考论——兼论刘宋衰亡的东亚影响》，第 144～152 页。
⑤〔朝鲜〕金富轼著，杨军校勘：《三国史记》卷 26《百济本纪第四·文周王》，第 307 页。

解仇所杀，继任的三斤王更是"军国政事，一切委于佐平解仇"。文周王之死，其实是"国中大姓"不同集团间斗争的结果。如上所述，文周王南行时，木、苂、祖弥等大姓随行，这些大姓是王城熊津的重要力量。此外，击杀解仇的真氏也是从王城发兵，可知位列"国中大姓"八族的真氏也是熊津集团的重要组成部分。谋杀文周王的解氏及其盟友燕氏，亦为《隋书·百济传》所列百济"国中大姓"八族。解氏、燕氏所据守的大豆山城为汉北民户所聚居。大豆山城、熊津成为百济大姓相互抗衡的两个地域集团。文周王任命解仇为兵官佐平，一方面旨在平衡大豆山城与熊津两个地域集团之间的矛盾，另一方面也是受制于大豆山城集团军事力量的强大，不得已而为之。

然而，文周王毕竟是熊津集团的代表，这是大豆山城地域集团领袖解仇"有无君之心"的另一缘由，即在他看来，文周王并不具备统御全部百济遗民的威望，文周王所依赖的熊津集团也未取得对其他地域集团，特别是大豆山城地域集团的优势。解仇杀文周王后，金富轼批判三斤王："春秋之法，君弑而贼不讨，则深责之，以为无臣子也。解仇贼害文周，其子三斤继立，非徒不能诛之，又委之以国政"。[1] 其实三斤王委"军国政事"于解仇，乃是不得已而为之，是汉北民户军事优势使然。

此后，真氏两伐大豆山城，击杀解仇，迫使解仇盟友恩率燕信北逃。聚集在大豆山城的汉北民户被迁徙到斗谷，这标志着大豆山城集团的衰弱，熊津集团取得了对百济国政的主导权。这一事件被金富轼叙述为解仇与燕信"聚众据大豆山城叛"，真氏受三斤王之命平叛，[2] 但其性质实为大豆山城与熊津两个"国中大姓"集团之间的战争。解仇被杀后，其妻、子被"斩于熊津市"，[3] 熊津集团借这一斩杀行为宣扬己方之胜利的意图十分显著。

由此可见，熊津百济初创期之所以出现王权脆弱的乱局，乃是因为真正的政治主角为"国中大姓"，文周王的王权带有很强的熊津地域性。"国中大姓"的地域分野及其斗争，使继任的三斤王更仅具象征意义。大豆山城集团强大时，三斤王委之以"军国政事"；解仇被诛后，则贬之以"叛"。故而在经过解仇之乱后，解氏、燕氏的根基并未动摇，直至6世纪末他们仍

---

① 〔朝鲜〕金富轼著，杨军校勘：《三国史记》卷26《百济本纪第四·三斤王》，第308页。
② 〔朝鲜〕金富轼著，杨军校勘：《三国史记》卷26《百济本纪第四·三斤王》，第308页。
③ 〔朝鲜〕金富轼著，杨军校勘：《三国史记》卷26《百济本纪第四·三斤王》，第308页。

并列于百济八族之中。可见三斤王时代熊津集团取得的政治成果有限，仅仅获得了相较于其他集团的比较优势，而非对百济国政的绝对控制。

三　半岛南部的族际关系与百济复国的外部支持

百济复国固然以"国中大姓"为重要的支撑力量，但是"国中大姓"利益的维系也必须以百济国家的存在为依托。"国中大姓"之间的利益平衡，还需要在君主的权威下，以政治框架分配利益。这是熊津百济初期，一方面君主权力脆弱，另一方面无论何种地域集团又依赖于君主存在的根本缘由，也是《三国史记》所称文周王"性柔不断，而亦爱民，百姓爱之"①矛盾性格的由来。

此外，百济复国还取决于朝鲜半岛上各方势力的博弈，特别是新罗、倭国均还需要百济的存在。从文周王的势力来源来看，其与新罗之间关系更为紧密。在汉城百济危难之时，文周王请援的对象是新罗，"得兵一万回"。②一万的军事力量在当日的朝鲜半岛上是一支非常可观的军队。汉城百济覆灭后，为长寿王所虏的百济男女的数量也仅为八千。③由此可见，新罗慈悲麻立干已是尽力在援救百济。这支新罗援军当称为文周王建构熊津百济的有力外援。

又据《日本书纪》卷 14《雄略天皇》：

> 廿一年春三月，天皇闻百济为高丽所破，以久麻那利赐汶洲王，救兴其国，时人皆云："百济国虽属既亡聚忧仓下，实赖于天皇，更造其国。"

自注云："久麻那利者任那国下哆呼利县之别邑也。"④下哆呼利县地处蟾津江下游以西，位于今韩国全罗南道光阳至顺天一带。⑤蟾津江口是加耶地区

---

① 〔朝鲜〕金富轼著，杨军校勘：《三国史记》卷 26《百济本纪第四·文周王》，第 307 页。
② 〔朝鲜〕金富轼著，杨军校勘：《三国史记》卷 26《百济本纪第四·文周王》，第 307 页。
③ 〔朝鲜〕金富轼著，杨军校勘：《三国史记》卷 18《高句丽本纪第六·长寿王》，第 228 页。
④ 國史大系編修會編、『日本書紀』（前篇）卷 14「雄略天皇」，388 頁。
⑤ 杨军：《4—6 世纪朝鲜半岛研究》，吉林大学出版社，2015，第 158 页。

的出海口，为半岛东南部与倭国往来的要津。上引《日本书纪》所反映的史实是汉城百济覆灭后，部分百济遗民聚集于蟾津江下游以西地域。杨军认为所谓天皇"以久麻那利赐汶洲王"反映的是任那（加耶）坚定地站在百济一边。[①] 故而当文周王于熊津重建百济之时，其东南边境的加耶采取了积极支持的态度。熊津百济在初创期得益于半岛南部较为稳定的族际关系，即得到了新罗、加耶的配合。

反观倭人，坐视汉城百济的灭亡，始终未派出援军。这并非因为倭人军事能力不足，而是有意在等待百济灭亡的结果——以百济为"方任"的刘宋"东服"秩序的瓦解。只有百济灭亡，倭人才能占据刘宋"东服"秩序中的核心位置，并且借"东服"秩序重构之机，积极在朝鲜半岛扩张其势力。故而倭人在汉城百济灭亡的次年（476）便开始入侵新罗，477 年更是"五道来侵"，[②] 478 年倭王武遣使刘宋，上表请求除授爵号"使持节、都督倭百济新罗任那加罗秦韩慕韩七国诸军事、安东大将军、倭国王"，[③] 力图获得都督朝鲜半岛南部诸族群军事的权力。[④]

正因倭国与新罗、加耶对待百济复国的态度不同，初创期的熊津百济主要与新罗、加耶结成军事同盟。481 年三月，"高勾丽与靺鞨入北边，取狐鸣等七城，又进军于弥秩夫。我（新罗）军与百济、加耶援兵分道御之，贼败退，追击，破之泥河西，斩首千余级"。[⑤] 杨军认为此战是长寿王高琏试图重复灭亡汉城百济之战，以击破新罗王城为作战目标，但是因为百济、加耶的及时救援，不仅使新罗免于灭亡，而且收复北部的泥河边境地带。以此战为标志，新罗确立了其对于百济、加耶的主导地位。[⑥]

此后，484 年秋七月，长寿王高琏再遣兵侵新罗北边，新罗与百济合击其于母山城下。[⑦] 据金锦子统计，百济与新罗结盟期间，共同对北方作战 8

① 杨军：《4—6世纪朝鲜半岛研究》，第166页。
② 〔朝鲜〕金富轼著，杨军校勘：《三国史记》卷3《新罗本纪第三·慈悲麻立干》，第39~40页。
③ 《宋书》卷97《倭国传》，第2395页。
④ 川本芳昭、『魏晋南北朝时代の民族問題』第五篇第一章「倭の五王による劉宋遣使の開始とその終焉」、汲古書院、1998年、537~562頁。
⑤ 〔朝鲜〕金富轼著，杨军校勘：《三国史记》卷3《新罗本纪第三·照知麻立干》，第40页。
⑥ 杨军：《4—6世纪朝鲜半岛研究》，第133页。
⑦ 〔朝鲜〕金富轼著，杨军校勘：《三国史记》卷3《新罗本纪第三·照知麻立干》，第41页。

次，其中有 6 次集中在 5 世纪下半叶，① 具体而言，有 5 次集中在汉城百济覆灭后的熊津时期。由此可见，与新罗的联盟不仅为熊津百济在初创期营建了有利的外部环境，而且成为熊津百济存续的重要基石。

四　南齐天下秩序的重构与熊津百济"方任东表"的恢复

如上文所述，金富轼在编纂《百济本纪》时，因不取信南朝史籍中有关"牟都"的记载，故而其文周王纪年多参考《日本书纪》所载"汶洲王""文斤王"事迹，这便导致《百济本纪》中文周王纪年（475～477）与南朝史籍中"牟都"出现的时间不一致。《册府元龟》卷 963《外臣部八·封册第一》载："（建元）二年三月，百济王牟都遣使贡献。诏曰：'宝命维新，泽波绝域。牟都世籓东表，守职遐外，可即授使持节、都督百济诸军事、镇东大将军。'"②《南齐书·东南夷传》校勘记云《册府元龟》所载"当亦为《百济传》缺页中佚文"。③《南史·齐本纪》所载与之略同。可见迟至建元二年（480），牟都仍在位。《三国史记·百济本纪第四》的文周王纪年实有修正的必要。

齐高帝册封百济王的时间与方式，其实反映了百济在南齐天下秩序中地位的下降。宋、齐易代之后，南齐将此前刘宋册封过的诸政权首脑予以"进号"，如高丽王乐浪公高琏"进号骠骑大将军"，倭王武"号为镇东大将军"，河南王吐谷浑拾寅"即本官进号骠骑大将军"，仇池广香"为督沙州诸军事、平羌校尉、沙州刺史。寻进号征虏将军"，宕昌王梁弥机"进号镇西将军"，羌王像舒彭"亦进为持节、平西将军"。④ 这些"进号"时间均在建元元年（479），即南齐建立之年。按《南齐书·氐仇池杨氏传》所述，"太祖即位，欲绥怀异俗。建元元年，诏曰：'昔绝国入贽，美称前册，殊

---

① 金锦子：《试论 5 世纪中叶至 6 世纪中叶新罗与百济的同盟关系》，《朝鲜·韩国历史研究》第 10 辑，延边大学出版社，2009，第 47～64 页。

② （宋）王钦若等编《册府元龟》卷 963《外臣部八·封册一》，中华书局，1960，第 11332 页上栏。

③ 《南齐书》卷 58《东南夷传》卷末校勘记五，第 1020 页。

④ 《南齐书》卷 58《东夷·高丽国传》，第 1009 页；卷 58《倭国传》，第 1012 页，卷 59《河南吐谷浑氏传》，第 1026 页；卷 59《氐仇池杨氏传》，第 1028 页；卷 59《羌宕昌传》，第 1032 页。

俗内款，声流往记'"。① 显然齐高帝对周边诸政权的"进号"行为，乃是为建构其天下秩序、赢得"异俗"群体对新王朝的拥护（"绝国入赘""殊俗内款"），以此获得"美称""声流"。

齐高帝的"进号"名单几乎囊括了刘宋时代天下秩序中最重要的几个册封国，但在刘宋"东服"秩序中曾"位方任"的百济却无缘此次"进号"。而且建元元年（479）的"进号"是南朝时代新王朝建立后的常例，由南齐主动除授，并非缘于朝贡国所请。② 相较而言，百济的除授官号不仅在时间上延后一年（即480年），而且还是百济遣使朝贡所请的结果。这表明在南齐最初的天下秩序构想中，并无百济的位置。

之所以如此，是因为汉城百济于475年灭亡的消息已经为南朝君臣所共知。齐高帝萧道成自元徽五年（477）杀刘宋后废帝，已经开始了事实上的改朝换代，其所考虑的天下秩序，尤其是关于"东表"的秩序，是基于百济已然灭亡的事实上开展的。故而在汉城百济灭亡后，倭国地位上升，倭王武在昇明二年（478）向宋顺帝的上书中夸耀倭国国势之大：

> 自昔祖祢，躬擐甲胄，跋涉山川，不遑宁处。东征毛人五十五国，西服众夷六十六国，渡平海北九十五国。

又夸饰其军事力量及在朝鲜半岛上争衡之心：

> 臣亡考济实忿寇雠，壅塞天路，控弦百万，义声感激，方欲大举，奄丧父兄，使垂成之功，不获一篑。居在谅暗，不动兵甲，是以偃息未捷。至今欲练甲治兵，申父兄之志，义士虎贲，文武效功，白刃交前，亦所不顾。若以帝德覆载，摧此强敌，克靖方难，无替前功。③

倭人的上表似乎让执政的萧道成有所触动，故在整个刘宋时代倭五王持续半个多世纪的上表中，仅有此篇上表被留存下来，直至沈约编入《宋书》之

---

① 《南齐书》卷59《氐仇池杨氏传》，第1028页。
② 坂元義種、『百济史の研究』、169页。
③ 《宋书》卷97《倭国传》，第2395页。

中。或许正是汉城百济的灭亡，使得刘宋王朝失去其东服"方任"，故转而承认了倭国之国势，让倭王武取得了其长期追求的"使持节、都督倭新罗任那加罗秦韩慕韩六国诸军事、安东大将军"的爵号。① 这一爵号虽由宋顺帝除授，却是属于萧道成造齐的政策内容。之所以在都督号中没有依倭王武所请加上百济，或许是因为百济的存亡未卜，或许是因为晋、宋以来一直以百济居东服"方任"，不论从历史还是现实来看，都不便让百济为倭王所督。

建元元年（479），在齐高帝"进号"诸政权时，"进新除使持节、都督倭新罗任那加罗秦韩〔慕韩〕六国诸军事、安东大将军、倭王武号为镇东大将军"。② 在宋、齐的官品序列中，安东大将军位列镇东大将军之下，③ 故而倭王武在一年间爵号得以上升。更为重要的是，自东晋除授百济近肖古王为镇东将军以来，"镇东大将军"职衔为刘宋时代百济王的专属职衔，腆支王余映、毗有王余毗、盖卤王余庆皆为镇东大将军。④ 新建立的南齐王朝将百济的专属将军号转授倭王武，实蕴含着"东表""方任"之位的转移。

对于百济而言，文周王即位的次年（476）三月，百济即遣使朝宋，但使臣不达而还，未能将百济复国的消息传达到刘宋。文周王之所以没有继续寻求朝贡刘宋，或许与此时百济的依赖路线转向北魏有关。泰始七年（471）盖卤王向刘宋最后一次朝贡后，于次年转向北魏朝贡，上表请求北魏出兵干预朝鲜半岛越来越紧张的局势，其表文言辞卑下且极为迫切："若天慈曲矜，远及无外，速遣一将，来救臣国，当奉送鄙女，执扫后宫，并遣子弟，牧圉外廐。尺壤匹夫不敢自有。"⑤ 北魏虽未按盖卤王所请出兵，但是对朝鲜半岛争端进行了积极调停，派遣使者邵安途经辽东出使百济，意在告谕长寿王北魏的态度。延兴五年（475），邵安从海道再使百济。⑥ 北魏的干预虽然未能阻止汉城百济的灭亡，但是其积极的态度定为百济遗民所认可。故而在百济复国之初，曾一度寻求北魏的支持。据《魏书·勿吉

① 《宋书》卷 97《倭国传》，第 2395～2396 页。
② 《南齐书》卷 58《倭国传》，第 1012 页。
③ （唐）杜佑撰，王文锦等点校：《通典》卷 29《职官十一》"武官下"，第 802～803 页。
④ 李磊：《百济的天下意识与东晋南朝的天下秩序》，《华东师范大学学报》（哲学社会科学版）2014 年第 2 期，第 64～71 页。
⑤ 《魏书》卷 100《百济国传》，中华书局，1974，第 2217～2218 页。
⑥ 《魏书》卷 100《百济国传》，第 2219 页。

国传》：

> 去延兴中，遣使乙力支朝献。太和初，又贡马五百匹。乙力支称：
> 初发其国，乘船沂难河西上，至太沵河，沉船于水，南出陆行，渡洛孤
> 水，从契丹西界达和龙。自云其国先破高句丽十落，密共百济谋从水道
> 并力取高句丽，遣乙力支奉使大国，请其可否。诏敕三国同是藩附，宜
> 共和顺，勿相侵扰。乙力支乃还。从其来道，取得本船，汎达其国。①

太和初年（477），即文周王三年。勿吉"密共百济谋从水道并力取高句丽"
的计划，文周王是主要决策人。在汉城百济覆亡后，长寿王高琏为了避免百
济遗民获得南朝或北朝的支持，严厉封锁百济通往中国大陆的水道，故而文
周王派遣朝贡刘宋的使者"不达而还"，在倭王武向宋顺帝的上书中也指责
其封锁倭国朝贡之路："臣虽下愚，忝胤先绪，驱率所统，归崇天极，道迳
百济，装治船舫，而句骊无道，图欲见吞，掠抄边隶，虔刘不已，每致稽
滞，以失良风。虽曰进路，或通或不"。② 在此种情形下，百济与勿吉的会攻
计划，只能由勿吉遣使乙力支向北魏朝贡，力图取得北魏的支持。由此可见，
百济复国之初的主要外交方向还是盖卤王末年所确立的向北魏寻求支持。

然而，史书上并无百济与勿吉联兵发动进攻的记载，或许是因为北魏的
不支持，导致百济与勿吉的计划难以施行。正是在这一背景下，文周王才又
开始寻求南朝的支持。恰逢这一时期正是宋、齐易代之时，而在建元元年
（479）齐高帝萧道成所构建的新天下秩序中并没有百济的位置，这使百济
在无法取得北魏支持之后，又失去了传统上最强有力的支持者。故而百济有
建元二年（480）遣使朝贡之举，旨在汇报百济复国的情况，以及请求除授
爵号，恢复其在南齐天下秩序中的位置。

百济建元二年（480）的朝贡显然实现了目标，齐高帝恢复了百济王历
代的爵号常例，"使持节、都督百济诸军事、镇东大将军"，③ 这是熊津百济
建立期的一次重大外交胜利，也是百济复国的重要国际环境。

---

① 《魏书》卷100《勿吉国传》，第2220页。
② 《宋书》卷97《倭国传》，第2395页。
③ （宋）王钦若等编《册府元龟》卷963《外臣部八·封册第一》，第11332页上栏。

五 结论

475 年汉城百济灭亡后，文周王于熊津重建百济。中、日、韩史籍上关于其称呼有"牟都""汶洲王""文周王"等多种。"文周王""汶洲王"为近音异写。"牟"为"汶洲"促读发音，"牟都"乃是"牟＋都"，即文周王之百济名与汉名的联称。

文周王借以继承王位的身份是王弟、上佐平之职，故其所用以重建百济的号召力并不充足。此外，在王城覆灭之际，文周王并未随盖卤王"死于社稷"，也成为其继承王权无可回避的道德难题。故而文周王一方面凸显其在国难当头之时赴新罗求援的形象，另一方面又假借盖卤王之命，"避难以续国系"，以合法化其未能"死于社稷"的经历。

汉城百济的覆亡是因为盖卤王在危机面前采取了一条依靠王族、王城的政治路线，百济"国中大姓"或降敌，或逃亡。文周王代表离开王城的部分"国中大姓"的势力，他们聚集于熊津，成为百济复国的一支力量，其大姓主要是木氏、荔氏、祖弥氏、真氏等。与此同时，还存在汉北民户、蟾津江以西的仓下集团等其他百济遗民集团。正因文周王代表性不足，故而代表汉北民户所聚集之大豆山城集团成为熊津百济初创期反叛的主角。不仅文周王为其所杀，三斤王时代还爆发了其与熊津集团的两次战争。大豆山城集团同样是由百济"国中大姓"领导，主要是解氏与燕氏。熊津百济初年的乱局其实是以"国中大姓"为主体、因地域集团分化所造成的政治斗争。

一方面，百济王权需要"国中大姓"的支持，另一方面，"国中大姓"还需要在王权政治框架下维系利益平衡，这是百济复国及王权脆弱的内因所在。同样，百济复国之所以成功，与半岛南部的族际政治有关。熊津百济得到新罗、加耶的支持，因而终熊津百济之世，其立国的基础是与新罗、加耶的同盟。而倭国则坐视汉城百济的灭亡，试图取代百济在南朝天下秩序中的位置，趁百济灭亡之机谋取在朝鲜半岛利益的最大化。因而倭国与新罗之间是战争状态，而与百济之间则由汉城百济时代的盟友转为熊津百济时期的对抗性关系。

熊津百济初创之时的中华认同是倾向于北魏，试图在北魏的支持下，与勿吉南北联兵收复失地。然而宋、齐易代之际，齐高帝萧道成所构建的新天下秩序是以汉城百济的灭亡为前提的，因而由倭国取代百济在"东表"的"方任"之位。文周王及时调整外交方向，于建元二年（480）朝贡南齐，重新获得百济王传统爵号"使持节、都督百济诸军事、镇东大将军"的除授，恢复其在南朝天下秩序中的位置。由此，熊津百济的建立获得了南齐王朝的认可，困扰其统治合法性的诸问题得以解决。

The Legitimate Appeal and Its Operation in the Start-up Stage of Ungjin Baekje

Li Lei

Abstract　Ungjin Baekje was built in 475, meanwhile the weakness of sovereignty caused political chaos. King Munju stated the legitimacy of his rule by declaring King Gaero's word, but he was the representative who deviated King Gaero's political line. King Munju was the leader of Ungjin group, which was one of the survivors groups during that time. The death of King Munju was a result of the struggle between Ungjin group and Soybean mountain city group, which were both leaded by aristocratic family in Baekje. The alliance between Sila and Gaya but not Wa, was the base of Ungjin Baekje's construction. Ungjin Baekje intended to get supports from Northern Wei Dynasty at first. When Southern Qi Dynasty built its new world order which ignored Baekje's place, King Munju presented tribute immediately in 480 in order to retake its traditional official ranking and titular honors. It means the recognise of Ungjin Baekje that it returned to Southern Dynasty's world order.

Keywords　Baekje; Ungjin; King Munju; Southern Qi Dynasty

文学与文化

抗战语境下中韩文人的相互交流与身份认同[*]

牛林杰　李冬梅

【内容提要】20世纪上半期，一大批韩国文人为了摆脱日本的殖民统治，寻求民族独立，纷纷流亡到中国。他们与中国知识分子密切交流，共同探索解救民族于危难的方法和途径，由此形成了一个中韩知识分子相互交流的历史高峰期。在反抗日本法西斯侵略的共同语境下，中韩文人通过交流获得了相似乃至相同的身份认同。这种身份认同促进了他们之间密切的人际交流，同时，密切的交流又进一步深化了他们的共同身份认同。这一时期中韩文人的交流，既体现了两国传统文化的渊源，又反映了两国近现代文人全新的相互认知。

【关键词】东亚抗战　中韩作家　身份认同

【作者简介】牛林杰，山东大学东北亚学院教授；李冬梅，青岛滨海学院讲师。

中国和韩国是一衣带水的邻国，两国长期共享东亚文化的传统，是东亚历史上人文交流最为频繁的两个国家。但是，近代以来，在西方列强的武力侵略和近代西学的文化冲击下，中国逐渐进入半封建半殖民地社会，而韩国则完全沦为了日本的殖民地。中韩两国传统的国家关系发生了颠覆性的巨大

---

* 本文系国家社科基金重大项目"二十世纪东亚抗日叙事文献整理与研究"（项目号：15ZDB090）的阶段性研究成果。

变化。在此背景下，一大批韩国知识分子为了摆脱日本的殖民统治、寻求民族独立的道路，纷纷流亡中国，并由此形成了中韩近代知识分子开展密集交流的历史高峰期。

20 世纪初，中韩两国都面临着近代启蒙和自强独立的历史任务，中韩知识分子通过交流，共同探索解救民族于危难的方法和途径。此时，救亡图存成为中韩知识分子的"共同话语"；而《天演论》的传入使两国知识分子觉醒，了解到弱肉强食的进化论秩序，韩国文人金泽荣与严复、梁启超等人的交流就是在这一背景下展开的。与此同时，无政府主义也开始传入东亚，并于 20 世纪 20 年代形成一股强大的潮流。在亡国的危机面前，无政府主义作为救亡图存的手段被中韩知识分子接受，两国知识分子以救亡志士与无政府主义者的双重身份，展开了深入、广泛的交流。随着中国抗日战争的爆发，中韩知识分子又以文人战士的身份参加抗战，并在战火中结下了深厚的友谊。

在近代东亚特殊的历史背景下，中韩知识分子的自我身份认同、民族身份认同、国家身份认同都发生了深刻的变化，而这些变化直接影响到他们之间相互交流的性质。因此，从身份认同的视角解读中韩近现代文人之间的交流，有助于我们更深入地理解中韩近现代文人关系的内涵。

一　多元的自我身份认同：金泽荣与中国文人的交往

著名社会心理学家莱亚里（Leary M. R.）指出，"身份认同是指个人或群体对其显著特征或所属群体的感知和表达"，[①] 身份认同理论认为，"人们在与他人不断地交往中获得身份/角色并依此形成自我观念，而且，在特定的情境当中，个体还会按照特定的角色来规定自己的言行；生活于复杂社会结构中的个体会因自己在社会中所扮演角色的差别而形成多重的、复杂的身份，这些不同身份的排序是按照个体在与他人交往的实际行为和收益来确定的，身份的内在意义则在于扮演一定社会角色基础上形成的内在身份标准"。[②] 20

---

① Leary M. R., Tangney J. P., *Handbook of Self and Identity*, New York: Guilford Press, 2003, p. 74.

② 闫国疆：《问题与反思：近 30 年中国身份认同研究析评》，《西南民族大学学报》（人文社会科学版）2013 年第 4 期，第 31 页。

世纪初，较早流亡中国的韩国文人金泽荣与中国近代知识分子的交流就体现了多重身份认同的性质。

金泽荣（1850～1927），字于霖，号沧江，与黄玹等并称朝鲜后期汉学四大家，1891年中进士后曾担任弘文馆纂辑所正三品通政大夫等。1905年日本迫使朝鲜签订《乙巳保护条约》后，金泽荣流亡中国。在旅居中国的22年里，与张謇、余樾、严复、梁启超、吕思勉等很多中国文人进行了密切的交流。

金泽荣在离开韩国前往中国之时，曾给黄玹写信诉说他内心的想法："时事可知，与其老作岛儿之奴，毋宁作苏浙寓民以终老。"① 由此可见，在强大的日本侵略势力面前，金泽荣并没有屈服。称日本为"岛儿"，不愿意做其奴隶，说明当时金泽荣自认是优于日本人的。而"宁作苏浙寓民以终老"又说明尽管当时中国也惨遭西方列强侵略，在面对中国的时候，金泽荣仍保持了历史上韩国文人对中国的传统认知。

金泽荣来到中国之后，交流最频繁、交往时间最长的中国文人是张謇。金泽荣与张謇相识于1882年。张謇随军出征协助朝鲜平定叛乱时，通过吏部参判金允植结识了金泽荣，两人一见如故，互赠诗文。金泽荣流亡到中国后，任职于张謇创办的翰墨林书局。作为亡国者的金泽荣在中国的主要活动就是整理出版韩国的文史书籍，其所编著的大部分书籍都由翰墨林书局出版发行，而且很多书籍由张謇作序。

金泽荣在中国著书立说的目的在于保存韩国的文化。他认为："自古人国未尝不亡，而于亡之中有不尽亡者，其文献也。"② 张謇在《朝鲜近代小史序》中也表达了同样的观点："言乎国，则謇独以为哀莫大于史亡，而国亡次之，国亡则死此一系耳，史亡不唯死不幸而绝之国。"③ 在国家存亡的关键时期，金泽荣出于对中国的传统认知，以流亡者的身份毅然来到中国，通过整理出版韩国文献，保存韩国的历史，延续韩国的命脉。而中国文人张謇出于个人友谊和中国知识分子对韩国文人的传统认知向金泽荣提供了帮助。

① 转引自牛林杰《梁启超与韩国开化期文学》，首尔：博尔精，2002，第250页。
② 〔韩〕金泽荣：《美明堂序》，《金泽荣全集》，首尔：亚细亚文化社，1978，第820页。
③ 张謇：《韩国历代小史序》，《张季子九录·文录》第8卷，中华书局，1931，第1页。

考察金泽荣与严复、梁启超的交流，其身份认同表现出了多重性的特点：一方面是中韩文人之间传统的身份认同；另一方面，面对当代世界弱肉强食的残酷现实，在思考国家命运、人类命运的过程中，又表现出了"同伴者"的共同身份认同。

金泽荣与梁启超早在 1914 年就已有书信往来。应金泽荣之邀，梁启超曾为金泽荣编辑出版的《丽韩十家文抄》作序。该序反映了梁启超有关国家、国民、文学等方面的重要思想，影响很大：

> 夫国之存亡，非谓夫社稷、宗庙之兴废也，非谓夫正朔、服色之存替也，盖有所谓国民性者……国民性以何道而嗣续……则文学实传其薪火而管其枢机，明乎此义，然后知古人所谓文章为经国大业不朽盛事者，殊非夸也。①

《丽韩十家文抄》选编了韩国十位文人的代表作品。在梁启超看来，文章承载着国民性，为经国不朽之业。梁启超作为近代东亚著名的知识分子，深刻地体会到了金泽荣通过刊行文集传承民族文化的良苦用心。他高度评价了金泽荣刊行的韩国文集，认为这其实是在延续韩国的国民性。作为国家的韩国虽然已经灭亡，但韩国民族尚未消亡，韩国民族仍有光复的希望。由此可以看出，金泽荣与梁启超在国家认同、民族认同方面的主要观点是完全一致的。

金泽荣与严复结识于 1910 年。据严复日记记载，金泽荣于该年二月二十八日到严府拜访，严复以《原富》与《名学浅说》相赠。② 此后，金泽荣与严复经常书信往来，互赠诗文。"太息汝纶归宿草，如今谁复序君来。……一代真才惟汝在，古来知己与神通"，③ 金泽荣称严复为"一代真才"，实指 1897 年严复通过《天演论》把主张优胜劣汰、适者生存的社会进化论介绍到东亚，促使中韩知识分子开始深刻思考国家和民族的命运。严复亦作诗回复："笔谈尽三纸，人意尚惜情。天演叨余论，阳明孰

---

① 梁启超：《丽韩十家文抄序》，《饮冰室合集》卷 32，中华书局，1989，第 4 册，第 35 页。
② 王栻主编《严复集・著译日记附录》第 5 册，中华书局，1986，第 578 页。
③ 〔韩〕金泽荣：《赠严几道》，《金泽荣全集》，第 612 页。

敢任。"① 金泽荣汉文功底深厚，两人以笔谈的方式进行沟通，谈论的主要内容就是《天演论》。金泽荣在《赠严几道》中称严复为"知己"，严复则称与金泽荣"惜情"。殖民地与半殖民地文人惺惺相惜，都不甘于国家被侵略的现实。在社会进化论话语中，他们超越了主客的身份认同，甚至超越了民族和国家的身份认同，获得了探索人类命运前途的东亚知识分子这一共同身份。

二 民族身份认同：中韩无政府主义者的交流

以弱肉强食、生存竞争为核心主张的社会进化论给东亚知识分子带来了巨大的影响，但它并未给出摆脱侵略的办法。1902 年，无政府主义的主要代表人物克鲁泡特金刊行了《互助论》，指出相互扶助也是促进人类社会进化的重要因素。"互助和互持，对于生命的维持、种的保存及将来的进化，是最重要的"，② 第一次世界大战后，知识分子对社会进化论产生了幻灭，同时开始积极接受主张相互扶助的无政府主义，并试图通过无政府主义解决民族危机问题，促进民族的进化。因此，20 世纪 20 年代，无政府主义在东亚发展成为一股强劲的思潮。

20 世纪 20 年代初，一批朝鲜无政府主义者来到中国，与鲁迅兄弟以及巴金等中国作家保持了友好的关系。吴相淳、李又观、李会荣等朝鲜无政府主义者经常拜访北京八道湾十一号周宅，其中，李又观是第一个出现在鲁迅日记中的韩国人——"1923 年 3 月 18 日，晴，星期休息。午后寄胡适之信。下午李又观来"③ ——周作人日记也多次提到李又观。④ 李又观原名李丁奎，是韩国著名无政府主义者，他与中国无政府主义者曾在 1923 年提出"洋涛村建设案"，计划在湖南省汉水县（现为汉寿县）洞庭湖畔的洋涛村建设理想型农村，并促进 50 户韩人移居此地，与中国人共同耕作，建设新农村。⑤ 这与周作人提倡的新村文化运动有着密切的关系。周作人早在 1906

① 王栻主编《严复集·送朝鲜通政大夫金沧江泽荣归国》第 2 册，中华书局，1986，第 375 页。
② 〔俄〕克鲁泡特金：《互助论》，周佛海译，商务印书馆，1921，第 3 页。
③ 《鲁迅全集·日记十二》（编年版）第 2 卷，人民文学出版社，2014，第 613 页。
④ 《周作人日记》中，大象出版社，1996，第 235～248、246 页。
⑤ 〔韩〕李丁奎：《又观文存》，首尔：三和印刷出版社，1974，第 4 页。

年接受无政府主义思想,并于 1919 年在《新青年》发布启事,宣布成立"新村北京支部",试图用相互扶助的和平办法改造社会,以促进中国社会的进化。

李又观与周氏兄弟的频繁交往说明,中韩知识分子在无政府主义的相互扶助论上获得共识,以无政府主义者的身份共同进行社会改造,以摆脱列强的侵略。而中韩知识分子之所以采取"新村"等相互扶助的方式,与弱小民族的身份不无关系。弱小民族在弱肉强食的进化论秩序中,无法获得进化的机会,而弱者的联合能够促进进化的互助论,使弱小民族看到了民族解放的希望。可以说,此时的中韩知识分子在弱小民族与无政府主义者的双重身份认同下,展开了积极的交流。

> 至于殖民地脱离"母国"的战争,弱小民族反抗强国的战争,虽然其目的与我们的理想不同,但我们并不反对。[①]

20 世纪 20 年代,中国著名作家、无政府主义者巴金与柳林、柳树人、柳子明等朝鲜无政府主义者频繁交流,并于 1926 年在柳树人等发行的《高丽青年》创刊号上发表《一封公开信》。他支持朝鲜无政府主义者的活动,后来又将朝鲜无政府主义者的事迹创作成《发的故事》。但他在 1927 年出版的《无政府主义与实际问题》中曾指出,无政府主义者不反对弱小民族反抗侵略的斗争。这里需要注意的是,巴金认为,弱小民族反抗侵略的斗争"与我们的理想不同",即中韩摆脱殖民的目的与无政府主义者的理想并不相同。

无政府主义主张消除国家,但朝鲜人的无政府主义运动却以恢复国家独立为目的。1927 年,柳林与柳树人等人在上海成立朝鲜无政府主义者联盟,"韩国(朝鲜)民族有着五千年悠久的文化历史,而且自古就已建国,在战后的新和平时期,应当获得建立完整独立国家的权力"。[②] 朝鲜无政府主义者联盟署名的《朝鲜独立党等党派联合宣言》宣称其革命目的是建立独立

---

① 《无政府主义与实际问题》,《巴金全集》卷 18,人民文学出版社,1993,第 113 页。
② 《韩国独立党等党派联合宣言》,《旦洲柳林资料集》,首尔:旦洲柳林先生纪念事业会,1991,第 50 页。

的国家政权。"如若不思保国，只要求保种，其国不保，其种随亡"。① 在北京活动的无政府主义者申采浩认为，国家灭亡，民族亦将不保，因此同样主张恢复韩国政府的独立职能。总之，对朝鲜无政府主义者而言，重建国家是最大的目标。这与无政府主义消除国家的目标是相悖的。

同样，中国无政府主义者也面临着这一问题——中国也处于被列强侵略的半殖民社会，寻求民族的解放与独立也是中国知识分子的首要任务。周作人在中国掀起"新村"运动，目的就是通过互助的办法改造中国社会，促进民族的进化，以摆脱被殖民的命运。也就是说，对中韩无政府主义者而言，无论是"新村"运动还是《发的故事》中提到的暗杀活动，其最终目的都是为了民族解放。

可以说，对中韩知识分子而言，无政府主义只是一种手段——反抗侵略、寻求民族独立的手段，并非目的。两国知识分子以无政府主义的相互扶助论为理论基础，促进民族的解放与进化，并推动国家的重建。换言之，被侵略的历史事实使无政府主义运动融入民族解放运动之中，即东亚的无政府主义运动成为寻求民族解放的重要手段。《发的故事》中，中国人"我"与朝鲜人"金"的头发被拧成一股后，再也无法分开。这暗示着在中国无政府主义者的眼中，中韩无政府主义者具有相同的身份——既是无政府主义者，又是寻求独立的民族斗士。

三 抗日战士的身份认同：中韩作家笔下的抗日战士

1937 年，中国开始了全面抗战。在华从事抗日独立运动的韩国各党派共同组建了"朝鲜民族战线联盟"，颁布了《朝鲜民族战线联盟斗争纲领》。《纲领》明确指出："在国内实行倭敌的后方搅乱和武装斗争，在东北参加抗日反满斗争，在中国关内，直接参加中国抗战。"② 1940 年，经中国政府批准，韩国光复军在重庆成立总司令部，李范奭任总参谋长。此后，韩国光复军与中国抗日武装联合抗战，抵抗日本的侵略。

---

① 〔韩〕申采浩：《保种保国的元非二件》，《申采浩散文集》，首尔：宝库社，2010，第71 页。

② 《朝鲜民族战线》创刊号，1938，第 16 页。

对于韩国人而言，在华的抗日斗争具有双重意义。抗日既是韩国人争取民族独立的战争，又是中国抗日战争的一部分："欲驱逐日本帝国主义出朝鲜，则仅限于朝鲜民族的独立斗争远是不够，须得抓住中国对日抗战的机会。"① 朝鲜民族战线联盟的机关刊物《朝鲜民族战线》指出，朝鲜民族的解放与中国抗战的胜利有不可分离的关系，中国的抗日战争是朝鲜民族解放运动的另一种形态。换言之，全面抗战爆发后，中国的抗战与朝鲜的民族解放已融为一体，抗日战争是两国人民为赢得民族解放而共同进行的斗争。

身份认同理论认为，"个人或群体所属的社会环境及其变迁，以及贯穿其中的政治和社会因素，都会对身份认同产生影响"。② 中日战争全面爆发后，中韩知识分子的交流内容、交流形式以及他们的身份认同都发生了变化。韩国知识分子在中韩联合抗日的大背景下，开始重新探索他们的身份建构。他们既是一名肩负着解放韩国历史重任的独立运动家，又是一名驰骋于中国战场的抗日战士。中国作家无名氏（本名卜宁）在他的作品中就详细记录了这样一位韩国抗日战士的事迹。

1943 年，无名氏在《华北新闻》连载了小说《北极艳遇》，后来又以《北极风情画》为名发行了单行本，一时引起了很大反响。《北极风情画》的原型是韩国光复军总参谋长李范奭，李范奭又名铁骥，1900 年出生于首尔。他 15 岁来到中国，16 岁进云南陆军讲武堂，"九一八"事变后，在马占山的抗日武装中任作战科长，1933 年应韩国临时政府之召出任韩国光复军总参谋长，1948 年大韩民国政府成立后，曾任国务总理兼国防部长。

李范奭与无名氏结识于 1941 年，无名氏在重庆采访金九，撰写了《韩国临时政府主席访问记》，并发表于香港的《立报》。不久，他又采访了韩国光复军总司令李青天，也发表在《立报》上。从此，无名氏与韩国志士的交往日益增多。1941 年，李青天与李范奭宴请无名氏，请无名氏到光复军司令部负责新闻工作。到光复军司令部工作后，无名氏便与李范奭朝夕相处。"一九四一年整冬，我和铁骥在重庆吴师爷巷一号小楼上'同居'。一

---

① 〔韩〕一来：《我们怎样参加中国抗日战争》，《朝鲜民族战线》创刊号，1938，第 7 页。
② David O. Sears, Mingying Fu, P. J. Henry and Kerra Bui, "The Origins and Persistence of Ethnic Identity among the 'New Immigrant' Groups", *Social Psychology Quarterly*, Vol. 66, No. 4, 2003, p. 420.

号是临时政府所在地。小楼只占六七坪，容二榻一桌一椅。常常的，每夜从八时到十二点，我要听他的哈姆雷特式的独白，长达四小时之久。替他长江大河的滔滔声作伴奏的，是一支支烟卷的袅袅烟篆，把小楼搅得烟昏雾黑，另外是一杯杯红的热气"。① 在倾听了李范奭的讲述后，无名氏以李范奭为原型，创作了《红魔》《龙窟》《幻》等作品。

在李范奭的讲述中，最打动无名氏的是波兰少女的故事。李范奭参加东北义勇军作战时，曾被迫撤退到俄罗斯境内，偶遇一位波兰籍少女，两人一见钟情并陷入热恋，但后来李范奭不得不离开少女随军出发，不久便接到了少女殉情自杀的消息。经过无名氏的创作，李范奭的亲身经历成了《北极风情画》的故事，并引起轰动。无名氏在小说中描述了李范奭离开波兰少女的心境："'未来'是个渺茫的词，我就能知道明天、后天，却无法预测明年、后年，或十年后。我们在东北的抗战失败了。中国自己正陷入水深火热，哪有余力帮助韩国光复？整个民族前景茫茫，个人还有什么永恒的幸福未来？"② 韩国被日本侵占后，李范奭流亡到中国，后进入云南陆军讲武堂学习，毕业后决心组织武装部队，"为我们亡国十年的民族燃起民族独立革命的火焰"。③ 随后在中国展开了长期的抗日独立运动，直至抗战胜利才回到韩国。

1940 年，《中国诗坛》刊载了穆木天的诗歌《赠朝鲜战友李斗山先生》。穆木天是中国诗人，1937 年参加中华全国文艺界抗敌协会，主编《时调》和《五月》；而李斗山则是韩国独立运动家，1926 年加入丙寅义勇队，1939 年创办《东方战友》，同时参与《朝鲜义勇队通讯》的编辑。

> 我们的家乡只隔着一道水呀
> 如同现在我们只隔着一道板墙
> ……
> 朝鲜和东北的战友们
> 是共同地演出了很多的奇迹

---

① 中国现代文学馆编《无名氏代表作》，华夏出版社，1999，第 373 页。
② 无名氏：《北极风情画》，上海文艺出版社，2001，第 72 页。
③ 昆明市社会科学院编《李范奭将军回忆录》，云南人民出版社，2008，第 93 页。

在白雪上洒着无数的战友的鲜血①

在《赠朝鲜战友李斗山先生》中，穆木天描绘出一幅中韩抗日战士共同浴血奋斗的场景。中韩战士不仅共同生活，更"以一种铁的誓言/在同一战线上艰苦地战斗"。② 在共同的敌人面前，中国人与韩国人并肩作战，共洒热血。战场上交融在一起的鲜血象征着中韩两国人民的紧密联合。李斗山指出："大家都以中国抗战为中心，策动各民族之人力和物力，联合一致，铲除扰乱和平秩序公敌的趋向。"③ 李斗山的主张与穆木天的诗歌传达出同样的意志——中韩两国人民联合斗争，将日本侵略者驱逐出境。在共同抵御日本侵略的过程中，中韩文人被历史赋予了一个新的共同身份——抗日战士。

> 勇敢的战士们！扬子江的流水正象征着你，
>
> 你们的血——浪涛，你们的呐喊——咆哮，你们的意志——洪流；
>
> 为了人类正义世界和平，非把一切危害人类的野兽消除。④

1939 年，《朝鲜义勇队通讯》刊发了韩国国民党党员金维的抗日诗歌《扬子江：敬赠中国的战士们》，歌颂中国抗日战士的英勇斗争。金维将日本视为豺狼，"虎豹豺狼踏在你身上，吸吮着你的血，吞噬着你的肝脏"，批判日本的侵华行径。同时，他将中国战士视为扬子江的滔滔流水，咆哮着"向着那万恶的野兽猛扑"。他认为中国人民消除危害人类的"野兽"，既解放了自我，又维护了世界的和平，即中国的抗战在争取中华民族解放的同时，还"为求自由求解放的盟友们"而战，而朝鲜则是中国抗战的重要盟友。⑤ 金维对中国的抗战表示了高度的认同，他认为中国的抗战与朝鲜民族解放运动密不可分，都是维护世界和平的重要一环。

无论是中国的无名氏、穆木天还是韩国的李斗山、金维，都作为抗日文

---

① 穆木天：《赠朝鲜战友李斗山先生》，《中国诗坛（广州）》1940 年第 6 期，第 2 页。
② 穆木天：《赠朝鲜战友李斗山先生》，第 2 页。
③ 〔韩〕李斗山：《七七事变与中国复兴运动》，《朝鲜义勇队通讯》1939 年第 16 期，第 5 页。
④ 〔韩〕金维：《扬子江：敬赠中国的战士们》，《朝鲜义勇队通讯》1939 年第 19～20 期，第 6 页。
⑤ 〔韩〕金维：《扬子江：敬赠中国的战士们》，第 6 页。

人活跃在抗战的第一线。中韩作家在抗战前线达成了高度的身份认同，他们既是文人，又是战士；而他们的抗战活动，既是中国解放战争的一环，又是朝鲜民族独立运动的基础，更是世界反法西斯战争的重要组成部分。

四　结论

19 世纪末 20 世纪初，中韩文人经历了由封建社会转型到近代社会的时代巨变，同时又在进化论的影响下积极探索民族的前途，近代爱国志士成为他们共同的身份标识。20 世纪 20 年代，中韩文人通过不断的探索，试图运用无政府主义理论改造社会，以获取民族独立，他们以民族斗士的身份奋起反抗。随着中国抗战的全面爆发，联合抗日成为中韩文人的首要任务，抗日战士的共同身份因时而生。这一时期，中韩知识分子的身份虽然不断变化，但抵御外侮、救亡图存的历史使命，使他们在每段历史中都达成了相似乃至相同的身份认同。这种身份认同促进了他们之间密切的交流，同时，密切的交流又进一步深化了他们的共同身份认同。概而言之，近代中韩知识分子的交流，既体现了两国传统文化的渊源，又反映了两国近代文人全新的相互认知。

On Direct Communication and Common Identity of Chinese and Korean Literati in the Context of Anti-Japanese War

Niu Linjie, *Li Dongmei*

Abstract　At the beginning of the 20th century, a large number of Korean literati fled to China in order to shake off Japanese colonial rule and struggle for national independence. They have maintained close exchanges with Chinese intellectuals and jointly explored ways and means to rescue the nation from disasters, thus reaching its unprecedented peak of mutual exchanges between Chinese and Korean intellectuals. Under the common context of resisting Japanese fascist aggression, Chinese and Korean literati gained similar or even identical identity through communication. This identity promotes their close interpersonal communication, and at the same time, close communication further deepens their common identity. The communication between Chinese and Korean literati in this period not only unveils the historical origins of the traditional cultural relations between the two countries, but also reflects the new mutual perception between the literati of the two countries in modern times.

Keywords　East Asian Anti-Japanese War; Chinese and Korean literati; Identity

论韩日古代文学交流的方式与特点[*]

—— 以韩国诗话为中心

朴哲希　马金科

【内容提要】 韩国诗话中广泛记载了使臣纪行、诗赋交流、文人往来、文坛逸事等内容。诗话不仅是诗学理论典籍，其所具有的叙事性、互文性等特点也使得诗话成为研究古代韩国与中国、日本文学交往的重要文本材料。通过整理可以发现，以中国为中心，中韩日三国文学互动频繁。其中，韩日间的文学交流十分独特，明显不同于中韩、中日，受政治、社会、民族心理的影响较大，交流过程更为复杂，差异性明显。两国的文学交流虽有局限，但促进了东亚汉文学的繁荣，使韩国对自身在东亚文学中的地位有了清楚的认识，且从中可见中国文学在流传至域外后韩日接受的不同与变异。

【关键词】 诗话　韩日　文学交流　方式　特点

【作者简介】 朴哲希，延边大学朝汉文学院东方文学专业博士；马金科，文学博士，延边大学朝汉文学院教授、博士生导师。

　　目前，国内外学界对东亚古代文学交流的研究主要集中在中日交流与中韩交流上，对韩日文学交流的关注较少。学者们的论述或从某一典籍出发，或以某段时期为核心来展开。具体来说，国内学界对韩日文学交流的主要研

---

　　* 本文为延边大学外国语言文学世界一流学科建设扶持项目"朝鲜三国及统一新罗时期文学思想研究"（项目号：18YLFCB14）的阶段性成果。

究成果体现在对《海行总载》的研究上；① 日本学界则较为关注近代两国的
文学交流；而韩国学界对两国文学交流的研究起步较早，主要有崔博光的
《韩日间文学交流——以朝鲜朝后期和日本德川时期为中心》（1993）、李光
浩的《韩日文学交流和他者的视线》（1996）、郑宇峰的《日本通信使朴安
期的生平及与江户文人的联系》（2015），等等。从研究现状上看，中日韩
三国对韩日古代文学交流研究尚未形成整体性关注。因此，本文从韩日古代
文学交流的方式与特点出发，以韩国诗话中关于两国交流的文本为中心，还
原当时的社会历史语境，全面整理出韩日古代文学交流的发展脉络、意义和
局限。

一　韩日古代文学交流的方式

（一）掠夺形成的交流

古时，日韩之间多有战乱，自朝鲜半岛三国时期起，韩国就有大量典籍
和文人被日本掠夺、俘虏。壬辰倭乱爆发后，朝鲜朝文人、儒士更是频繁地
遭到日本的骚扰。在韩国诗话中对睡隐姜沆的记载最多，其独特、传奇又不
幸的经历，虽是在特殊的历史环境下产生的，但也恰恰增进了韩日间的文学
交流。

日本对被掳的朝鲜朝文士还是较为尊重的，待之极厚，其在日活动相对
自由，未在诗话中看到有殴打、谩骂、羞辱朝鲜朝文士的现象。日本大名丰
臣秀吉死后，姜沆以笔涂抹对丰臣秀吉颂扬的诗歌，并从旁写道："半世经
营土一抔，十层金殿谩崔嵬。弹丸亦落他人手，何事青邱卷土来？"② 日本
人却没有对他加以处罚。这些朝鲜朝被俘文人在日期间多与诗僧往来，与
日本僧人的交往十分融洽。诗僧对他们十分友好，不仅多加礼遇、以扇求

---

① 关于《海行总载》的研究主要有：延边大学金禹彤博士发表的一系列相关论文，从朝鲜通
信使眼中的丧祭礼俗、衣冠服饰、宾仪礼、婚俗等方面来看两国的文化与文学交流；延边
大学朴成日博士的《朝鲜通信使与日本文人的汉诗交流——以〈海行总载〉中的记载为
例》（2015）以《海行总载》为主要参照，系统梳理了诗歌在两国文学交流中的作用，
等等。

② 洪重寅：《东国诗话汇成》，蔡美花、赵季编《韩国诗话全编校注》（五），人民文学出版
社，2012，第3248页。此外，《三溟诗话》亦载此诗。

诗、彼此赠诗答诗，而且助其逃跑。但从赠答诗的内容上看，日本人多写对朝鲜朝文士的敬仰；朝鲜朝人则多言其见闻感悟或在日的不易，两者仅仅停留在文学交流的层面。

尽管两国文人未能深交，但被掳文人在日期间的活动对两国文学交流的积极作用却是显著的。如姜沆在日本时跬步不离寝席，诵书不掇，日本守卒请学，即手写《六经大全》示之，日本经传之学始此也，人称其为"海东姜夫子"。另外，这些被掳文人或返回本国，或逃至中国，或随倭商前往安南，或被卖于南蕃，实际上也增进了韩国与上述国家间的文学交流，正如李德懋《清脾录》中的记载，安南亦知李睟光。

（二）诗文交流

日本素有写诗之传统。"丽季，倭寇升平府，主将杨白渊失律坐事，幕僚成石磷亦连坐……后城卒，石磷写诗哭之曰：'都统律文先后语，生当欲报死难忘'"。① 崔滋在《补闲集》中写道："日本人求师碑志，其为异国所尊如此。师余力外学经史百子，皆寻其根柢。率尔落笔，文辞平淡而有味。今得数诗尝味之，文烈公'平淡'之言，信哉！"② 显然，日本人写诗以抒情，且积极主动求师。朝鲜朝文人每逢出使日本都留有众多诗文。日本人向朝鲜朝文人求诗之态度十分谦虚，丝毫不亚于韩国文人求诗于中国。

高丽朝时，郑梦周出使日本，留诗甚多。其五律一首曰："平生南与北，心事转蹉跎。故国海西岸，孤舟天一涯。梅窗春色早，板屋雨声多。独坐消长日，那堪苦忆家。"③ 日本诗僧闻之便对韩国使臣说道："圃隐'梅窗春色早，板屋雨声多'之句，为日本绝唱。"④ 对郑梦周汉诗的喜爱、叹服之情溢于言表。

朝鲜朝前期，日本多次派僧人、使臣求诗，而朝鲜亦选派能诗者接待或

---

① 洪重寅：《东国诗话汇成》，蔡美花、赵季编《韩国诗话全编校注》（四），第 3086 ~ 3087 页。
② 崔滋：《补闲集》，蔡美花、赵季编《韩国诗话全编校注》（一），第 125 页。
③ 洪万宗：《小华诗评》，蔡美花、赵季编《韩国诗话全编校注》（三），第 2321 ~ 2322 页。《旬菴谈苑》《槿域诗话》亦载此诗。
④ 洪万宗：《小华诗评》，蔡美花、赵季编《韩国诗话全编校注》（三），第 2322 页。

赴日。如《慵斋丛话》载日本使僧文溪求诗；《思斋摭言》载日本国使彌中来聘，彌中善诗文，朝鲜大臣金安国以宣慰使相待，相与唱和者不计其数；《稗官杂记》载日本诸僧奉国命入朝收集诗歌。曹伸、申叔舟、金䜣、南孝温、车天辂、金诚、黄允吉等朝鲜文人均曾亲赴日本，有的甚至前往过数次。从留诗的数量上看，应有近万首；但从诗歌的价值上看，精品较少。后期，两国文人间的友情逐渐升温。在元重举等人的影响下，"北学派"文人编辑了第一部《日本诗选》。对此，李德懋有言：

> 夫今何以得之异域万里之外？惟国家之待大宾，可谓俨然重矣，而至其私觌之愉愉也，顾与世肃辈为之矣。夫世肃之礼且和乎？苟非国家所与，其能如是乎？余也文非其道，然亦辱成公之视犹世肃也。其感于异域万里之交，不能无斖乎内而着乎外也。[1]

> 癸未，元玄川重举膺日本通信使从事官书记之选。玄川翁，雅笃厚，喜谈程朱之学，彼中益重之，必称老先生。其能文之士率多医官释流，而合离、井潜、那波师曾、富野义胤、冈田氏兄弟尤为杰然，皆与之深相交。及其归后，朴楚亭抄其日本文士赠别诗，编为二册。李姜山从而选之，为六十七首，名曰《蜻蛉国诗选》。……余又抄载若干首，摘若干句。[2]

这两则诗话是韩国历代诗话中首次大量出现关于两国文人友谊的文字，它表明朝鲜文士所交往的日本文人众多，彼此交流的诗歌数量也不在少数；这些日本文人多为医官、僧人。这种友谊也延续到了朝鲜朝末期，李圭景在《诗家点灯》中提到南时韫入日本与牛囱井潜交流诗歌之逸事，文人们对日本汉诗的创作水平还是认可的。

值得一提的是，近代时出现了有关中韩日三国文人一同进行文学交流的记录。

---

[1] 李德懋：《清脾录》，蔡美花、赵季编《韩国诗话全编校注》（五），第 3937 页。《旸葩谈苑》亦收录此文。
[2] 李德懋：《清脾录》，蔡美花、赵季编《韩国诗话全编校注》（五），第 4040 页。

> 日本文人森田者与支那文人陆某同船泊仁川港，互有若干酬唱。陆诗有"排萍"语，森田未解其义，然不肯向陆问之。遍问文人，一日访余问之，对以："排萍者，稠人中排开往来，如萍之开合。而古今人多用诗语。"森田闻之颇点头，有悟色曰："在仁川埠头见无数男女前推后挤，争听耶苏徒演说，同行诗伴有'男女排萍暂不休'之句云云。"原来日本人性气不肯自屈，舍陆而问他者也。①

日本人森田与中国人陆某一同停留于韩国仁川，唱和诗歌，但森田不解一些词语之意，又不愿当面问于陆某，只能询问安肯来。由此，一方面可见日本人性格不屈，不愿问之于汉人；另一方面说明日本人对汉诗喜爱和执着以及与韩国文人的亲近。此三人在无意当中也生成了中韩日三国文学的互动。

除此之外，随着两国文人的交好，18 世纪韩日文人还展开了"文会"与"文战"，对此，已有学者做过详细的分析，本文不再赘述。②

（三）典籍交流

典籍的流传，既包括读者的阅读与接受，也包括带来的变异与误读。在东亚文学史上，典籍的传播与回流是十分普遍的现象，也是重要的文学交流方式。朝鲜诗话中关于韩日两国典籍流传的记录较少，这可能也与诗话文体的限制有关。如李德懋提到《兰亭集》③、李圭景在《日本诗源》中提到所阅读的日本《和汉三才图会》《烟草诗》等少量典籍和诗歌。虽记录的文字少，但不能忽视典籍流传对文学交流的作用。

韩日古代文学交流的方式除了以上所言，两国间的商贸往来和朝鲜朝进士成琬曾留学东溟等事，表明商人与留学生也在两国的文学交流中发挥着一定作用。

---

① 安肯来：《东诗丛话》，蔡美花、赵季编《韩国诗话全编校注》（十一），第 9371 页。
② 韩东：《十八世纪朝日文人的"文会"与"文战"——以笔读唱和集资料为中心》，《北京社会科学》2017 年第 6 期，第 51~66 页。
③ 即《兰亭先生诗集》，由日本文人高野惟馨所著。

二　韩日古代文学交流的特点

（一）友好与对抗并存

韩国早在三国时期便与日本展开了文学交流，在百济的帮助下日本文学已经有了很大的进步，诗、赋等文体在日本开始兴起，两国的关系总体而言还是较为友好的。但是，我们通过韩国诗话中的多则互文性材料，能够看出这种友好中也带着冲突。日本虽然表面上与新罗交好，派遣质子以求信任，仍要"以谋诒之"，足见与日本人相交并非易事，其君主易怒，稍有不从便"剥其脚"用热铁拷打。① 且从李裕元《玉磬觚剩记》可知，"（新罗）王困于倭，临薨诏曰：'葬我于海中，当化为龙以距倭'"；② 洪万宗在《旬五志》中则历数日本侵略史，感叹朝鲜饱受日本之害。这说明韩日关系实际上是极为复杂的，无论后世两国关系如何，冲突与抗争始终存在，韩国文人对日本的刻板印象一直没有改变。

高丽朝时期，崔滋有言："日本人求师碑志，其为异国所尊如此。"③对日本人积极求学的态度还是尊重的。从郑圃隐使日本诗"行人脱履邀尊长，志士磨刀报世雠"④ 可知其对日本尊长、忠义之武士精神还是赞许的。

朝鲜朝前期，金慕斋与倭人相别，赠崔孤云之诗别章曰："沙汀立马待回舟，一带烟波万古愁。直得山平兼水竭，人间离别始应休。"⑤ 如同崔致远与顾云一样，韩日两国文人亦结下了友谊，但是这种友好仅限于个人往来。韩国并不愿意与日本相交往，两国的通信时有时无，但出于交邻之目的，不得不与之相交。"丁亥、戊子年间，日本请通信甚力，朝廷牢拒，终乃不得已而遣之"。⑥ 有趣的是，本时期中韩两国对于日本的态度是一致的。

---

① 洪重寅：《东国诗话汇成》，蔡美花、赵季编《韩国诗话全编校注》（四），第 2962 页。
② 李裕元：《玉磬觚剩记》，蔡美花、赵季编《韩国诗话全编校注》（十），第 8723 页。
③ 崔滋：《补闲集》，蔡美花、赵季编《韩国诗话全编校注》（一），第 125 页。
④ 李睟光：《芝峰类说》，蔡美花、赵季编《韩国诗话全编校注》（二），第 1272 页。
⑤ 李济臣：《清江先生诗话说》，蔡美花、赵季编《韩国诗话全编校注》（一），第 660 页。
⑥ 尹国馨：《闻韶漫录》，蔡美花、赵季编《韩国诗话全编校注》（一），第 721 页。

韩国诗话中数次提到，文人崔溥因遇海贼而漂流到台州，被当地百姓误认为是日本人而遭到驱逐、乱打，并欲杀之。中韩两国文人对日本形象的认知是不言而喻的。

壬辰倭乱爆发后，两国的冲突、仇恨达到了顶点。"万历壬辰夏，倭寇陷京城，国破家亡，公私书籍荡失无余。癸巳夏寇退，其冬车驾还都。甲午秋，有人偶得《丙午榜目》以赠，余披而阅之，则一百四十七人中，生存者唯余一人而已"。① 日军肆行焚荡，大量的珍贵典籍、书画作品遭到破坏，庙宇被毁，历器等物遗失殆尽；姜沆、鲁认、李殷、李欣福、李晔、李彦世、汉阳竹肆居人、姜世俊、邓昌世、河大仁等文人相继被掳到日本，饱受折磨。壬辰倭乱严重破坏了韩日两国正常的文学交流，两国关系急剧倒退。朝鲜对日的称呼从"日本""扶桑""倭人""倭国"改为"倭寇""倭奴""倭贼""贼"，这一改变既表达了对日本的憎恶，又是依托这些贬义词增强了民族自信心。对日本的痛恨，影响了当时文人的文学创作，促成了大量抗倭作品的产生；同时，壬辰倭乱也成了文人心中长期难以发泄的痛苦，连倭人《纲目》，"国人亦不肯览"，② 直至近代，仍言要"破倭"。

但并非所有日本人都是残暴的，如日本文人金忠善"平生慕中原文物"，善著诗文，"以攻朝鲜为不义，自请于倭，出来东战。及见我俗，心好之，贻书兵使金应瑞（后改景瑞），愿归化，以三千兵自归"；③ 僧倭玄苏献诗云："扶桑息战服中华，四海九州同一家。喜气还消寰外雪，乾坤春早太平花。"④ 显然，还是有一些日本文人支持正义、和平，他们喜爱朝鲜朝的文化、风俗，渴望恢复两国的文学交流。

战争结束后，日本想要修复两国关系，但自壬辰以后，朝鲜朝不敢与倭人通和。"来请信使。人皆愤惋，而朝廷恐其生衅，遣山人往试贼情"。⑤ 朝廷虽有意和解，但日本人残暴、阴险的负面形象在百姓心中根深蒂固，只得

---

① 沈守庆：《遣闲杂录》，蔡美花、赵季编《韩国诗话全编校注》（一），第581页。
② 尹根寿：《月汀漫笔》，蔡美花、赵季编《韩国诗话全编校注》（一），第687页。
③ 李奎象：《并世才彦录》，蔡美花、赵季编《韩国诗话全编校注》（五），第3913页。
④ 郑泰齐：《菊堂排语》，蔡美花、赵季编《韩国诗话全编校注》（三），第2125页。《东诗丛话》亦载此诗。
⑤ 李睟光：《芝峰类说》，蔡美花、赵季编《韩国诗话全编校注》（二），第1306页。

派遣僧人先行试探。到明崇祯时期，文人赵䌹尝赴日本，日本诗僧某袖诗要和，赵䌹曰："剑光入夜珠交荡，槎影横秋月并高。远客乘秋来似雁，两邦修好信如潮。"① 在诗作中发出希望两国重新交好的意愿。

虽然韩国对日本十分厌恶，但客观上对彼此的了解、认识却在加深。清中期至清末，韩日文学交流日益频繁。一方面，一些文人在诗话中仍言壬辰旧事；另一方面，正面、友好交流的实例也在逐渐增多。

> 龙洲公（赵䌹）与日本人林道春有往复书劄，道春可谓其国之翘楚，竺教之中能知程朱之学，而其词翰文字亦不生疎。龙洲公之答书使外国人知我礼义之邦，而鼎吕自重，后来录《东槎》者，惟以诗骚为事，无一言及于学问，是为欠事。②

> "日本之人故多聪明英秀。倾倒心肝，炯照襟怀，诗文笔语皆可贵而不可弃也。我国之人夷而忽之，每骤看而好訾毁。"余尝有感于斯言，而得异国之文字未尝不拳拳爱之，不啻如朋友之会心者焉。③

通过上文可以一窥韩日两国文人在此时期通过笔谈、书信开展文学交流的情形。前者再次提起赵䌹与日本文人交好之事，盛赞林道春为日本文坛翘楚，对其诗文评价甚高，且当时亦有人录日本诗集《东槎》；后者借元玄川之口，既称誉日本人聪明、仗义，又批评朝鲜朝文人所视日本之态度，言外之意要正视日本诗文。另外，"朋友""会心者"等词也表露出朝鲜朝文人对日本人及日本文学的友好态度。日本对朝鲜朝文人的认知也逐渐加深。

本时期，两国的文学交流无论是从交往的广度、深度还是频率上来说，在历史上都很是少见。虽然诗话中还有一些记载两国摩擦、矛盾之事，但对日本文人、作品的评价大多都较为正面，而且毫不吝惜赞美之词。跨越了千年，两国的文学交流终于步入了正常发展的轨道，并且一直持续到了晚清。

---

① 洪重寅：《东国诗话汇成》，蔡美花、赵季编《韩国诗话全编校注》（五），第 3330 页。《海东诗话》《诗家诸话随录》《东国诗话》《东诗奇谈》亦载此诗。
② 成涉：《笔苑散语》，蔡美花、赵季编《韩国诗话全编校注》（五），第 3651 页。
③ 李德懋：《清脾录》，蔡美花、赵季编《韩国诗话全编校注》（五），第 3937 页。

（二）韩国文人俯视的姿态与偏见

古代韩国一直以"小中华"自居，与安南、日本等域外国家相比是十分自信和骄傲的。"以国土面积而言，日本大于朝鲜，但在朝鲜15世纪以下所绘的地图中，朝鲜的版图是大于日本的。从朝鲜人的认知开始，'大''小'就不是客观的事实，而是与文化的'高''低'成正比的。因此，朝鲜文人把日本比小国而自比大国，称中国为上国，便是出于这种心理"。①

纵观韩国诗话，不同于中韩文学交流中作为"学诗者"的韩国，在韩日文学交流中，韩国变成了"教诗者"，一直以俯视并带有偏见的姿态来看待日本。即使在韩日文学交流的最佳时期，韩国文人虽赞许日本文学的价值和成就，但仍视其为夷人，是落后的、需要帮助的。如"元重举长于诗。性简傲，与世寡合。尝入日本以诗鸣，岛夷皆惊服"。② 这里，元重举曾作为副书记史前往日本，主张与日本文坛友好交流，受其影响，李德懋等"北学派"文人亦十分关注日本文学；但从"岛夷"一词看，韩国文人依旧视日方为夷人，李德懋在作品中依然称其为"倭""倭诗""岛夷""南蛮"。

李圭景在《诗家点灯》中摘录明朝沐景颙《沧海遗珠集》所收录的日本诗作。他点评的文字虽颇有为日本诗作正名之意味，但依旧未脱离俯视的姿态。在角色与立场上，韩国文人是关注者，日本只是其照扶的对象。那么，为何韩日文学交流与中韩文学交流中韩国的地位如此之不同呢？或许，我们从李瀷《星湖僿说诗文门》中的一则诗话可以找到答案：

> 常至人家，见有书案侧立板面者，问之，则卧读之案也。余谓读书凝神端坐犹不防睡，况卧者乎？舒布偃横，已非读书本意。偶阅古编，杨炯有《卧读书架赋》有曰："高眠孰可，讵遗边子之嘲；甘寝则那，宁耻宰予之责。"噫！人之贤不肖，古今一辙。或云："曹操有欹案可卧读，炯之赋盖祖此也"。俗传有一妇人欲儿着睡，以书卷覆面曰："曾见丈夫卧面看书，俄然辄睡，故然耳。"此语亦可以助笑也。曾见

---

① 张伯伟：《东亚汉文学研究的方法与实践》，中华书局，2017，第101页。
② 尹行恁：《方是闲辑》，蔡美花、赵季编《韩国诗话全编校注》（六），第4914页。

倭人有《咏午睡诗》云："懒性由来百事殊，午窗贪睡读书余。堪惭愧
须处惭愧，何说先贤有宰予？"此与炯意正相反，未知孰得孰失，孰华
孰夷也。①

上文是李瀷点评日本文人与中国初唐文人杨炯"午睡"意境之差异，他认
为二人所言之意正相反，但优劣、对错、得失却难以区分。能够与中国文人
论短长，某种程度上说明日本文人的文学造诣达到了可以与中国文人相比较
的地步。也就是说，日本文人具备了较强的汉诗创作水平，"倭亦知诗乎
哉"。② 即便如此，李瀷仍旧称"倭人"，其地位由此可见。最后一句"孰
华孰夷"，分不清华夷但仍提华夷，其在无意识下充分表露了韩国文人心中
的"华夷观"。

除此之外，在韩国诗话中记载的韩国文人赠日本诗作多，而日本回赠
少；日本文人主动求诗多，韩国文人却从不求诗于日本；不知日本文人其名
者多，对具体诗人的记录少；记载日本诗歌多，点评、与本国文人相比较者
少，等等。这些特点亦可显示韩国文人在"文化自信"的心理下对日本俯
视的姿态与偏见。

（三）随着东亚局势的变化而迥然改变

17 世纪初期，随着女真势力的崛起，以及日本政府渴望修好的诚意，
朝鲜认为解除与日本的敌对关系是迫切的问题。17 世纪中叶时，以清为中
心的新国际秩序开始形成，在此后约两个世纪的时间里，东亚地区史无前例
地维持着和平的局面。③

18 世纪以来，李德懋、柳得恭、朴齐家、李书九、成大中等反省过去
对日本狭隘的认知，改变了以往对日本的看法，肯定了日本的文明与进步；
19 世纪 60 ~ 90 年代，随着明治维新之路的开启，日本成了亚洲强国。19 世
纪末日本侵略中国和朝鲜——1894 年东学党起义爆发，日本趁机派兵入朝；
同年甲午战争爆发，加速了中国半殖民地化的进程；1910 年"韩日合并"，

---

① 李瀷：《星湖僿说诗文门》，蔡美花、赵季编《韩国诗话全编校注》（五），第 3767 页。
② 柳梦寅：《於于野谈》，蔡美花、赵季编《韩国诗话全编校注》（二），第 1027 页。
③ 〔韩〕高丽大学校韩国史研究室：《新编韩国史》，孙科志译，山东大学出版社，2010，第
144 ~ 145 页。

韩国成为日本领土的一部分。可以说，清末时期，东亚的社会环境与社会格局发生了巨大改变，中国的衰落与日本的强大，使韩国文人对中日的态度发生了根本性的扭转。

在近代韩国诗话中，最显著的转变便是对两国称呼的改变。中国由"中原""上国""中国"变为"支那"，中国文人被称为"支那人""华人""支那女""中华人"，且不指明中国文人的具体姓名，只用"某"代称，如支那文人陆某；而对日本不再称"倭"，直接点出日本文人的姓名，如日本诗人森鲁直。

其次，对日本不再以俯视的姿态关注，将日本文人、诗作与中国文人、诗作放置于相同的位置并进行点评，赞扬其诗歌"句语颇清新""自有门户""颇得雅趣"。①

> 华人薛皋，本名未知称何，败绩于湖南之革命。然元来弓马大家，兼有词章。今流落鲜土，走笔《咏寇琲啼》："不语前尘只愍哀，狱神庙暗我能来。天伦有妹空相忆，宫宠无私已割才。若说旧冤宜祸福，更因难犯暂徘徊。血衣未瀚泉台水，超路凭君望自开。"一例流畅，不是弓马中出来，第三以琲说琲尤臻其妙。②

> 日本诗人森鲁直，号春涛，其诗和蔼澹宕，自成一家。其子槐南能踵武。日本时论以槐南为跨灶，然余以为不然。鲁直诗往往有古雅，鲁直常言"语无来历欠诗灵"云，而反有不用来历而得妙处，如"小桃红浸船唇水，遥霭青呈马首山。""船唇"二字恐无来历而逼妙。③

以上两则材料表明韩国文人对中日文人、作品的认知已无太大区别，均客观地加以点评。就安肯来的《东诗丛话》来说，以朝鲜诗歌为主，论及中日诗歌的比例大致相同。显然，近代韩国与中日两国均平等地进行文学交流，且与日本的文学往来与前代相比更为密切。

---

① 安肯来：《东诗丛话》，蔡美花、赵季编《韩国诗话全编校注》（十一），第 9347、9362、9385 页。
② 安肯来：《东诗丛话》，蔡美花、赵季编《韩国诗话全编校注》（十一），第 9269 页。
③ 安肯来：《东诗丛话》，蔡美花、赵季编《韩国诗话全编校注》（十一），第 9362 页。

最后，朝鲜文人开始重提壬辰旧事。在世纪之交，日本又一次大规模地入侵韩国，这使得文人们不得不反思战败的原因，渴望能够向壬辰倭乱的结局一样，最终战胜日本。

在壬辰倭乱结束之际，曾有少部分韩国文人思考、比较中韩日三国军力之不同。李墍在《松窝杂说》中有道："妙于炮丸，惯于枪剑，倭奴之长技也"；① 洪万宗在《诗评补遗》中亦言及日本军事能力较强而中国军官无能。近代，金泽荣在《韶濩堂杂言》中提到了战胜日本的重要武器——龟船。正因为有了龟船，朝鲜可以百战百胜。但如今，西洋却研制出了潜艇，金泽荣只能感叹韩国还能凭借当年战胜日本的气势再次获胜吗？而李建昌在《宁斋诗话》中则借壬辰旧事直言破倭之决心。由此可见韩国文人反日的决心与斗志。

遗憾的是，朝鲜朝灭亡后，韩国文人便很少写作汉诗、诗话，能论及中韩日诗歌者更是凤毛麟角。所以，以诗话的形式反映中韩日三国文学交流情况的文本记载也停止于此。中韩日三国的文学交流开始更多地借助小说、现代诗、散文等文体表现出来。

（四）通过中国典籍而了解日本

从韩国诗话的记载上看，韩国文人很多对日本的认知源于中国典籍中的记载。换言之，作为汉文化圈中心的中国是韩国了解日本的一个重要渠道。如前文所提李圭景通过阅读《沧海遗珠集》而了解日本文人天祥之诗《题虎丘寺》和《暮春病怀》；同时，他还通过沈润卿《吏隐录》而了解中日文人交流的逸事及赠答之诗作：

> 沈润卿《吏隐录》：日本使者朝贡过吴，内有一僧往谒祝京兆希哲，不值，予与弟翰遇之，索纸书字问之，僧亦书以对云："予乃俄补一官之阙，祗有其名，贫冻沙门也，名左省号钝中。"又曰："我国中无此官，惟禅僧学本国文字，故充使臣耳。"问谒君何为。又书云："仲春之初，雨雪连日，篷底僵卧。今日新晴，扣祝君书屋，幸遇君一笑，依稀十年之旧。杜少陵所谓'能吏逢联璧，华筵值一金'者也，率赋中诗以呈云云。"后知其欲求希哲一文耳，诗曰："二月

---

① 李墍：《松窝杂说》，蔡美花、赵季编《韩国诗话全编校注》（三），第 1818 页。

天和乍雪晴，见君似见祝先生。醉中不觉虚檐滴，吟作灯前细雨声。"①

又如，李钰在《百家诗话抄》中所摘录的《咏柳》为日本贡作。该诗出自中国《四朝诗》之明诗卷。② 由此可知，韩国文人通过中国典籍而间接了解了日本，进而增强了对日本的认知。

此外，朝鲜朝时期的诗话既抄录前代诗话，也抄录中国诗话。在韩国诗话中存在大量互文性材料，其中便有不少关于日本国情、民俗、服饰、性格等方面的认知，以及中国文人与日本文人交流、留诗等内容。部分韩国文人便借此来认识日本。

三 韩日古代文学交流的意义与局限

韩日古代文学交流虽过程坎坷、矛盾冲突不断，但其作用仍是巨大的。金柄珉教授认为，中韩日三国同属于"儒教文化圈""汉文化圈"，在漫长的历史长河中，相互之间进行了形式多样的文化交流，东亚文学便是在互动中，通过潜在的文化对话而生成的。③ 张伯伟教授通过李德懋的《清脾录》提出"北学派"文人具有"东亚视野"与"并存意识"。柳得恭等人编写《蜻蛉国诗选》的意义是让中国人了解日本的诗文水准，不再将他们置于安南、占城之下，并以春秋时小国附庸大国以进于上国之例，把这项工作当成朝鲜人义不容辞的责任。④ 足见，韩国作为"汉文化圈"中的一员是有使命感的，在以中国为中心的汉文化圈中，对自身有着清楚的定位，并做出了诸多对东亚文学互动有益的尝试。

千年来，日本求诗于韩国，与文人唱和、笔谈，而韩国文人赠诗、授学于日本，实际上写作的都是汉诗，其实质都是在传播汉文化。因此，韩日文学交流又绝不可能忽视中国的重要作用。但是，韩国向日本传播

---

① 李圭景：《诗家点灯》，蔡美花、赵季编《韩国诗话全编校注》（七），第6003页。
② 参照《韩国诗话全编校注》对李钰《百家诗话抄》的校注。蔡美花、赵季编《韩国诗话全编校注》（六），第4884页。
③ 金柄珉、崔一：《东亚文学的互动与生成》，《东疆学刊》2012年第4期，第1页。
④ 张伯伟：《东亚汉文学研究的方法与实践》，第97～101页。

汉文化的目的却不单单是为了弘扬汉文化和促进东亚文学的繁荣。李德懋等人关注日本文学并反省过去对日本狭隘、骄傲的态度，也是借文本流传于中国的机会向清朝文人表达出同样希望被关注的想法，以及希望清人能够对韩国文人报以无私、热情、友好的姿态，渴望其能够承认韩国文人的价值和在传播汉文学上的作用，肯定朝鲜朝文学要强于日本等其他域外国家。

另外，韩国与日本同样学习汉文化，都是"学诗者"，然而韩国率先接触汉文化后，其文人的身份发生了转变，从"学诗者"变为既是"学诗者"也是"教诗者"。但在韩日文学交流中，韩国始终保守，不愿意主动传播、教授日本汉文学，却又不得不传播。从所留之诗的内容上看，大都质量不高；从对日本诗歌所做的点评来看，不屑日本诗作，甚至认为可笑之极。究其原因，一是与韩日政治关系有关，二是受华夷观之影响，三是源于两国文化交流不平等的局面。文化与文学交流双方要想得到平等的发展，一定是互惠的，双方能够各取所需。但日本一直在向韩国索取；韩国从中却不能学到先进的汉文化知识，对韩国来说既没有实际意义也没有获得所期待的声望与名誉。故此，双方的交流是不平等的，也造成了韩国文学交流保守的心理。

即便如此，韩国文人仍通过其外在行为在潜移默化间传递着汉文化。如韩国文人虽被掳到日本，但一直不屈服，不断尝试各种方法逃回国内，显示出儒家忍辱负重、忠君爱国、宁折不弯的思想内涵，以实际行动影响着日本文人。然而，儒家思想同样讲求有教无类、克己复礼、"三人行必有我师"等，这些思想却没有体现在韩国文人的具体行为当中。这说明韩国文人对中国思想的接受与实践是有选择的，中国文化在传入域外之后发生了变异。而日本文人虽性格桀骜，但为了学习先进的思想不耻下问，对异国文士礼遇有加、待之极厚，亦显示出其对儒家思想的接受。总的来看，韩日文学交流促进了汉文学在东亚的蓬勃发展，但这也是最大的局限，即韩国和日本的国文文学彼此没有交流。

综上所述，通过对韩日古代文学交流的特点、方式、意义与局限进行研究，可以清楚地看到两国文学的交流历程，从中表现出与中韩、中日文学交流的明显区别。这也使得韩日两国文学交流具有复杂性和可研究性，为研究汉文学在域外的流传与变异提供实例。

On the Ways and Features of the Exchange of Ancient Literature between Korea and Japan
—*Centered on Korean Poetry Talks*

Piao Zhexi , Ma Jinke

Abstract　The poetry talks widely record the contents of the ambassadors, the poetry exchanges, the literati exchanges, and the literary anecdotes. Korean poetry talks is not only a book of poetic theory, but poetry talks has become an important text for studying the interaction between ancient Korea and Chinese and Japanese literature because of narrative and intertextuality. Through further consolidation, we found that with China as the center, Chinese, Korean, and Japanese literatures interact frequently. Among them, the Korean-Japanese literary exchange is very unique, obviously different from China and South Korea, China and Japan. It is greatly influenced by politics, society and national psychology. The communication process is more complicated and the difference is significant. Although it has limitations, it promotes the prosperity of East Asian Chinese literature, which make Korea have a clear understanding of its position in East Asian literature, and it can be seen that the differences and variations that Korea and Japan accept after Chinese literature is circulated outside the country.

Keywords　Poetry talks; Korean-Japanese; Literary exchange; Way; Characteristics

火车与文学现代性的生成[*]

——以日本、韩国的近代文学为例

朱一飞

【内容提要】日本在明治维新之后大举修建铁路。火车在近代从西方引入日本。19世纪末到20世纪初，沦为日本殖民地的韩国被动地接受了以日本为媒介而涌入的火车。火车作为近代化、工业化的主要标志和象征之一，以其快速和准时的特点，极大地压缩了时空的距离，连接城乡，培养人们的守时观念，并为人际交往创造新的空间。在带来新代文明的迅捷和便利的同时，火车这个近代文明的产物也极大冲击了人们的传统生活方式，其冷酷、暴力的机器属性使处于时代巨变中的人们感到恐惧和焦虑。对于这个具有两面性的近代事物，日、韩两国的作家充满了复杂的情感，一方面是对新事物感到好奇与惊叹，另一方面也对机器与人类的关系充满恐慌，将火车视为代表邪恶、危险和死亡的魔鬼。本文以空间理论为依据，以火车空间作为分析对象，研究火车这一文学意象对日韩两国近代文学所产生的影响，并探讨其背后的寓意与涵义，从而更好地理解近代这一复杂的时期。

【关键词】火车 文学现代性 日本 韩国

【作者简介】朱一飞，复旦大学外事处助理研究员，复旦大学日本研究中心兼职研究员，复旦大学外国语言文学学院博士研究生。

---

[*] 本文中的外文小说引文部分为笔者翻译，不当之处敬请指正。

一　引言

近代文学对"火车"的描写一般可分为两种时空表现形式，一种是着力体现火车外在的速度性，另一种是表现火车内部相对静止的封闭空间。火车以它革命性的高速，连接起城市和乡村，让生活在近代的人们感受到前所未有的时空观念变化。同时，火车还拥有诸如车厢这样相对静止和封闭的空间，车厢内的小社会往往能反映出外部大社会的变迁，展现近代各个阶层人们的相互关系和各自的生活体验。

德国学者沃尔夫冈·希弗尔布施是第一位将火车看作一种文化意象来进行研究的文学学者，他在著作《铁道之旅》中提出："19 世纪最富戏剧性的现代性标志非铁路莫属。起初，科学家、政治家和资本家共同为火车唱赞歌，称其为推动社会进步的技术。"① 希弗尔布施认为，社会进步的物质基础是交通技术的革命，这种促使时空结构快速变化的工具推动了整个社会结构的变化。火车的出现就是这样的革命，它彻底改变了人类对时间和空间的感知。《铁轨之旅》一书将火车及其运行轨道"铁路"看作近代工业现代化的重要标志和文学意象，认为火车的出现宣告了一个新时代的到来。因此，充分认识火车的文化内涵正是理解近代社会文明，包括近代文学现代性的关键钥匙。这本书的作者还比较了旧时代马车与近代火车的车厢：由于马车车厢一般较小，旅客之间很难避免接触，容易发生人与人之间的交流；而火车出现后，旅客之间的关系就远没有之前那么亲密了。火车车厢空间较大，一排排座位的设置方式使得人们之间变得相对疏远，这让人们一时之间不能适应，反而产生了不安的情绪。②

日本是铁道大国。明治维新之后日本不仅在国内大举修建铁路，而且在朝鲜等地修建了较为完备的铁路系统。作为近代文明的重要象征，火车及铁路网的出现对于日本社会产生了极其深远的影响，这在日本近代文学中也多有体现。首先，从文本叙事角度分析，火车已不是一个单纯的近代工业产生

---

① 〔德〕沃尔夫冈·希弗尔布施：《铁道之旅：19 世纪空间与时间的工业化》，金毅译，上海人民出版社，2018，第 34 页。
② 〔德〕沃尔夫冈·希弗尔布施：《铁道之旅：19 世纪空间与时间的工业化》，金毅译，第 56 页。

的机器，而成了一个重要的叙事载体。作为革命性的交通工具，火车改变了传统城市和乡村之间的关系，将先进的生产力传播到落后的地方，同时，火车引起了传统生活工作方式的变革，人与人之间的交往方式改变，交往范围进一步扩大。随着火车的普及，日本传统社会的人们的新鲜体验也不断反映在文学作品上，产生了不同于以往的叙事方式和文学流派，即本文所称的文学现代性。综上所述，对火车与文学现代性关系的研究就显得尤其必要。

19 世纪末到 20 世纪初，沦为日本殖民地的韩国在不知不觉中被以日本为媒介涌入的近代文物和众多思想所冲击。面对亡国的危机，韩国知识分子们企图通过文学作品来启迪民众。西方文明事物的涌入带来的近代文明在陆地上形成了"铁皮箱"奔驰的新奇景象。火车的出现让民众真切地感受到近代文明带来的魅惑与冲击。火车在文学作品中提供了制造偶遇与回想的空间，但是由于是从日本被迫地接受火车，韩国近代化思想未被普及，火车也被笼罩上了一层生与死之间的彷徨。近代表象在文学作品中作为一个时代的产物和象征有着特殊的意义，在国难当头的时刻，在言论受到限制的韩国，呼唤人们的爱国意识和输入新思想的武器就是文学。文学作为一种特殊的形式，以娱乐的方式输入思想，以隐含的方式教人与侵略国抗争。表象就是以隐含的方式来表达更为深层的含义。每个时代都有其独特的表象，作为韩国的近代表象，火车不仅被赋予了恢复国权的希望，还表达着知识分子们的无限彷徨和迷茫。

本文以空间理论为依据，以火车空间作为分析对象，研究火车这一文学意象对日韩两国近代文学所产生的影响，并探讨其背后的寓意与内涵，从而更好地理解近代这一复杂的时期。

二 火车的时间性

在火车引入日本社会以前，日本各个地方的小镇都有自己的本地时间，乡民们也习惯于伴随着太阳起落制定自己的时间表，过着日出而作、日落而息的传统农耕生活。随着火车和铁路的出现，人们的交通速度大大提升，乡镇之间的关系变得更加紧密，区域之间的工商业活动也越来越频繁，跨越各个乡镇的统一标准时间的制定就显得十分必要了。此外，由于需要一次性运送大批人员，火车及其铁路系统需要规定严格的时刻表，并要求旅客们遵照执行，这对当时人们传统的时间观念造成了重大影响——人们必须开始变得守时，模糊低效的农耕社会开始向精确高效的工业社会转变。火车不但拉近了地区之间的距离，也扩大了区域之间的联系。当时的许多日本文学作品对于火车带来的统一标准时间、守时准时的新时间观念，都有十分生动有趣的描述。

在日本作家夏目漱石的《三四郎》中，"老大爷是两站之前上车的乡下人。三四郎记得，当时火车已经要开了，他一边呼喊着一边匆忙跑进来"。①这段充满隐喻的描写十分生动地暗示了当时仍处于旧时代的乡下老农拼命追赶近代城市文明的社会现象。"火车已经要开了"显现了其严格遵照时刻表的现代时间性，而老大爷明显还没有习惯于现代人守时的生活方式。尽管如此，他还是"一边呼喊着一边匆忙跑进来"，反映出当时的日本劳动人民从主观上渴望拥抱新时代的意愿，这与同时期韩国的现象形成一定反差。

日本作家田山花袋在《少女病》第一章的开头是这么写的："山手线早晨七点二十分的上行电车，把地震得轰响。驶过代代木电车停车站的山崖下时，有位男子一步不停走在千驮谷的庄稼地上。没有哪一天这个男子不在这条路上走过……沿途的家家户户从远处就能认出这个男子的身影，甚至有位军人的妻子摇醒在春日贪睡的丈夫说'那人已经走过了田埂，夫君您上班要迟到了'之类的话。"②

这一段把"七点二十分"这一时间和"上行电车"这一交通工具结合起来描述，创造了一个当时的新词"七点二十分的上行电车"，非常形象地暗示着工薪阶层被钟表化这一时代的到来。电车一方面是由人类生产并使用、为出行提供便利，另一方面也反过来影响着人类。举个例子，电车的发车、停靠时间使人们不得不对时间概念进行精确掌控。"七点二十分的上行电车"这一表述方式也生动地说明当时的人们已经有了一定的时间观念。妮可拉斯·达黎在她的《火车小说》中写道："19世纪的火车时刻表迫使人们的时间意识现代化，手表成为出行必要，赶不上火车成了19世纪新型的常见焦虑。"③城市与农村之间的通勤电车，使区域之间的空间距离在一定

① 〔日〕夏目漱石：《漱石全集》第4卷，东京：岩波书店，1966，第5页。
② 〔日〕田山花袋：《定本花袋全集》，京都：临川书店，1994，第667页。
③ Nicholas Daly, "Railway Novels: Sensation Fiction and the Modernization of the Senses", *ELH*: *English Literary History*, No. 66, 1999, p. 472.

程度上缩短了，人们的生活方式也改变了，居住和工作的地方可以相隔更远。近代工业文明通过火车迅速地传播到更广阔的社会空间，推动着日本社会的近代化。正如柯比所说，"伴随着时间的理性化，是市场的理性化。铁路消除了地理障碍，使得资本在全国范围追逐利益成为可能。城市可以制约乡村，所有地域被紧密连接一起"。① 再套用菲利普·韦格纳的话，火车这一空间意向本身既是工业化的产物，同时又反过来影响着工业化的推广和传播。即空间既是产物，又是力量。②

此外，《少女病》第一章的开头还通过上班的男子，以及沿途家家户户的反应，展现出当时城市市民和乡村农民生活方式的差异。在此处，近代工业文明和传统农业文明的冲突，突出体现为时间观念的不同。对于上班的工薪族来说，他们拥有相对守时的时间观念，接受时刻表的安排；而传统农民过着自给自足的农业生活，时间观念不是很强。更重要的是，农民们正在逐渐意识到，代表着近代化意象的火车已经进入了他们的生活周边，将乡村与城市连接在一起，统一了时间标准，也逐渐消除了城乡之间的隔阂。

综上所述，火车开启了近代化的大门。与传统旧时代的马车相比，火车的速度更快，时间更加精确，使得区域空间进一步缩短。由于火车的出现，人们的时间被均质地细分，日出而作、日入而息的悠然的时间观念被准确而绝对的时刻表所替代。不仅是时间观念，空间观念也发生了改变。火车的疾驰被看作是传说中的"缩地法"③，传统观念上的距离被进一步缩短了。

虽然韩国的近代化进程较日本为晚，但是也有作品提及火车的速度。韩国作家李光洙在《致少年》中写道："所谓的文明就是拒逆天命。在我们看来每小时走十里才是正常的事情，现在却要些聪明每小时要走百余里。"④可见，缩短了时间是火车带来的好处，但是它同时也人为地分割了自然，甚至是火车窗外的风景。美国文学对此有所总结，厄里在《流动性》中就指出："人们从身处自然环境之中转变到作为独立实体观赏自然环境，因而建

---

① Lynne Kirby, *Parallel Tracks: The Railroad and Silent Cinema*, University of Exeter Press, 1997, pp. 51 - 52.

② 菲利普·韦格纳：《空间批评：批评的地理、空间、场所与文本性》，转引自阎嘉编《文学理论精粹读本》，中国人民大学出版社，2006，第135页。

③ 传说中可使空间变小的法术，此处比喻火车速度之快。

④ 〔韩〕李光洙编《20世纪韩国小说》，首尔：Changbi，2005，第35页。

立了凝视与风景之间的虚构关系，土地变成了风景。土地是可耕种、收割、购买、出售的功能性实体资源，人与土地之间没有距离。而风景的主要特点是观赏性和非物质性，是人远离土壤的产物。"① 从以上文字也可以看出，火车给传统观念带来的冲击是多么深刻。

三　火车的流动性

流动性，也可以称作"脱域性"，正如吉登斯说的，"尽管在前现代时期，迁移、游牧和长距离奔波已经是平常的事情，但同现代交通工具所提供的密集的流动性比较起来，前现代的绝大多数人口则处在相对凝固和隔绝状态"，② 即现代性的主体脱离了空间的束缚，获得了流动的自由。这种流动和工业化文明之前的迁徙、奔波、游牧等流动都不一样，其大体量、高速度、高频率是前所未有的。可以说，和火车提供的流动性相比，传统社会下的人们都处在相对固定或互相隔离的状态下。美国的文学家约翰·厄里则直接将火车认为是流动性的意象，他说道："火车使大批量人口依靠机械化工具高速移动，是一种巨大创新，火车因此成为现代性的标志。"③

当然，作为近代文明的标志性产物，火车并不只是简单的交通工具，法国思想家福柯就说过："火车既指的是我们所处的车厢，也是我们从一地移动到另一地的途径，还是在我们眼前疾驰而过的物体。"④ 也就是说，火车在拓展了人们的生活空间的同时，也通过车厢创造出一种新型的移动封闭空间。火车使人们脱离了区域之间距离的空间束缚，创造了新的城乡区域格局，但同时也将人们置于另一种封闭空间，开创了新的社会人际关系和生活方式。

美国文学家厄里将火车和铁路归纳为流动性系统，他在《流动性》一书里总结了火车的特点，即"运动的高速化、人口和物体的批量化移动、时空压缩、公共空间与私人空间的融合。"厄里还提出了流动性研究的新范式："第一，社会关系与物理移动相互交织。第二，流动性的政治与流动性

① John Curry, *Mobility*, Polity Press, 2007, p. 102.

② 〔英〕安东尼·吉登斯：《现代性的后果》，田禾译，译林出版社，2011，第90页。

③ John Curry, *Mobility*, pp. 92 - 93.

④ Michel Foucault, "Of Other Space", *Diacritics*, No. 1, 1986, pp. 23 - 24.

的具身性相关联。"① 这句话的意思是说身体的移动是流动性的关键，而身体移动又涉及各种不同的人，这些人之间又会通过移动产生复杂的社会关系。

田山花袋的《少女病》就体现了厄里所说的流动性。还是以小说第一章的开头为例，通过按时上班的工薪族主人公每天依照火车时刻表坐电车的生活方式与当地农民的生活方式之间的对比，以及对乡村里面出现的为工薪阶层建造的房屋的描写，展示出一个现代化城市的产生过程，即乡村变成都市，农民变成市民。火车除了代表移动着的空间外，还体现出车上人们之间的社会关系。厄里在《流动性》中指出："铁路开启了两种新型的重要社交场所，车厢和火车站。其重要性在于，乘客被迫与大批陌生人处在新型的封闭空间中，脱离了日常生活环境，引发新的社会关系问题。"② 德塞托也分析了火车车厢的特性："火车车厢是个封闭空间，车厢有固定的座位，座位有固定的数目，旅客除了能去休息室和卫生间短暂活动外，就只能被束缚在座椅上。这是多么理性化的乌托邦。这种封闭的空间使秩序的生产成为可能。"③ 就小说《少女病》而言，乘客登上火车，就与其他人一起被封闭在车厢空间里，作为同一个群体的一员，除了主人公杉田和他所关心的少女外，还包括有"绅士、军人、商人、学生等"，这些不同身份和职业的人，"（随火车）像飞龙一样驶出"，④ 这体现出厄里所说的"公共空间与私人空间的融合"。主人公杉田通过上述所谓空间的融合，一边通过其他旅客把自己隐藏在公共空间内，一边在自己的私人空间里尽情地观察少女的身体。

火车进入韩国的时间较日本为晚。韩国作家崔南善模仿日本作家大和田健树的《满韩铁道歌》创作了《京釜铁道歌》，形象地展现了对火车的惊奇之感，"吐出粗豪的汽笛声""带翅膀的鸟儿也赶不上"等表述都表达了对火车的赞叹，而"老少同席""国内外人同坐一起""逐成另一小天地"等则体现出火车独特的空间密闭性，形成了全新的人际相遇空间。

① John Curry, *Mobility*, pp. 46 – 91.
② John Curry, *Mobility*, p. 104.
③ Michel de Certeau, *The Practice of Everyday Life*, trans. by Steven Rendall, University of California Press, 1984, p. 112.
④ 〔日〕田山花袋：《定本花袋全集》，第 680~681 页。

四　火车车厢带来的身份象征

火车车厢作为一个人员流动性强、在行驶时又暂时处于封闭状态的公共空间，一方面有助于打破旧有的乡村熟人文化，形成新的人际交往关系；另一方面由于受到车厢管理制度的约束，它也和火车外部的社会一样，带有阶层划分的意味。福柯就曾经谈道："铁路是一个空间与权力关系的新面相。"① 与传统社会论资排辈或以出身判定阶层不同的是，近代社会通过拥有财富的差异进行空间区隔，不同的车厢享受的服务不同，车厢或座位等级成了人们身份的象征。

日本的火车在开设之初，就分成一、二、三等车厢，且乘车费用差异较大。因此，作为近代工业文明意象的火车，本身就带有资本主义性质的空间划分。火车的不同等级车厢代表了一种具有阶层关系的公共空间，车厢成为一个新出现的人际交往场合。亨利·列斐伏尔因此认为空间具有社会性的维度，空间意向的背后隐含着不同的生活方式和意识形态。②

在芥川龙之介的小说《橘子》中，主人公"我"的好心情很快被"坐在前方座位的小姑娘"所破坏："干燥的头发梳成银杏垂髻，布满皲裂的脸上有用手横着抹过的痕迹，红红的甚至看上去有些令人嫌恶。地地道道的乡下姑娘。而且在满是污垢的嫩黄色毛线围巾懒懒地垂着的膝盖上，还搁着一个很大的包袱。那抱着包袱的长着冻疮的手里，郑重其事地紧攥着一张三等车厢的红车票。我不大喜欢小姑娘粗俗的脸，而她不洁的服装也令我不快，最后那连二等还是三等车厢的区别都分不清的愚钝更令我生气。"③ 小说对这个乡下小姑娘的容貌做了重点描写，突出了她与主人公的阶层差别，也暗示出小姑娘与二等车厢之间的不协调。这段描写生动地揭示出车厢的等级划分使得不同阶层旅客之间的差异越发显著。此外，横光利一的《头与腹》

① 米歇尔·福柯、保罗·雷比诺：《空间、知识、权力——福柯访谈录》，转引自包亚明主编《后现代性与地理学的政治》，上海教育出版社，2001，第5页。
② 亨利·列斐伏尔：《空间政治学的反思》，转引自包亚明主编《现代性与空间的生产》，上海教育出版社，2003，第62页。
③ 〔日〕芥川龙之介：《芥川龙之介集》，第5卷，东京：岩波书店，1996，第353页。

更是直白地揭示了近代社会里阶层差异的来源，即拥有财富的多少。^① 即使处在同一车厢里，近代社会中的人们的阶层通过腹部大小的不同也可以体现出来。

五　火车车厢带来的新型人际交往

火车呈现了陌生人社会的一角。明治维新以后，整个日本都在应对陌生人带来的挑战，文人墨客通过各种人物外貌描写，让读者根据衣着装扮去识别不同阶级、性格和地区的人群。

《少女病》中的主人公在火车车厢中所凝视的少女们是女学生，但是女学生并不是特指某个人，而是泛指长得漂亮的女孩子。与日本传统社会中的女性比起来，近代的女学生都受过较好的教育。她们的标准装扮是绛紫色的裙裤和模仿西方的扎发发型。作者通过在火车车厢内对这些少女的着装、发饰的详细描写，给作品带来了充分的文学现代性。

火车车厢空间属于熟悉的陌生人的社会空间。乘客们虽然离得很近，但相互之间不认识，因此往往一言不发。有些乘客可能会尝试打破沉默，但如果对方无动于衷，对话也无法继续。这些特点都与传统的熟人社会完全不同。

韩国作家李光洙在《致少年》中写道："是谁让预想不到的两个人相遇，是谁让不同境遇下成长的两个人互通心意？我不知道，不知道。……我们的列车载着数百名不同的人吭哧吭哧地奔跑着，这列车奔驰的意义是什么，车中的人又以何种意义奔向何处？"^② 来来往往的陌生人间的交流在这封闭的空间里形成了一种全新的人际关系，乘客们可以通过交谈交流思想、观念和知识，这样密闭的车厢就成了思想交流场所。

在李光洙另一部小说《无情》中，英彩和炳旭在去留学的列车上碰到了善亨。通过讨论各自的未来，他们坚定了为祖国献上自己力量的信念。火车在三郎镇水灾区停留不前，看着灾民们的痛苦，四个年轻人决定举办一场

---

① 〔日〕横光利一：《苍蝇》，商雨虹译，吉林大学出版社，2009，第 184～195 页。
② 〔韩〕李光洙编《20 世纪韩国小说》，第 34 页。

慈善音乐会，在这一过程中他们之间的个人恩怨得以化解。①

随着火车改变了交通运输的方式，人们的移动能力大大提高，传统的熟人社会关系被改变。可以说，火车的出现，带来了一种全新的社会和人际关系。

六　火车的两面性

任何一个新事物的诞生总有其两面性，火车也不例外。火车运行中产生的噪声、震动，以及早期频频发生的火车事故，都给人们带来了一定的困扰。由于人们对新事物的不了解，其破坏性也往往被扩大了。日本铁路在初期建设时受到了大众强烈的反对。许多针对火车和铁路的敌意来自公众的无知和迷信。19 世纪 80 年代中期在长野县，不止一个地区的居民反对铁路建设，认为火车的汽笛声会减少人们的寿命。无疑，对于许多日本人来说，吵闹的、冒着煤烟、带着浓烈气味的火车除了会使人们对恐怖的污染产生反感以外，什么用也没有。

民众对火车和铁路的抵抗也体现在日本当时的文学作品中。夏目漱石就在自己的几部小说中描绘过铁路的阴暗形象。在夏目漱石看来，火车是现代性的精髓表现，对人们有破坏性影响，在其 1906 年的小说《枕草子》里，夏目漱石用火车来表达他最喜欢的主题——精神错乱和人性丧失。他认为，"没有什么比火车更能代表 20 世纪的文明了……没有什么（比它）更鄙视个体性了"。在小说的末尾，主人公这样深思："当我看到火车行驶的暴烈方式，它将所有人视为货物，我看到人们挤在车厢里，看到这个铁怪物……我想，'小心，小心，否则你会陷入困境'。这个奔向一片漆黑的火车，是充斥在现代文明中的各种危险之一。"在最后的场景中，火车也代表着乡村宁静的破灭，受到征召的乡村男孩爬上了可怕的"文明之蛇"，它"口中冒着黑烟……沿着银色的铁轨蛇行"，②把他带到一个充满现代战争和残杀的遥远世界。

像这样谴责火车对日本"灵魂"的腐蚀的并不只有夏目漱石。谷崎润

---

① 〔韩〕李光洙：《无情》，洪成一、杨磊、安太顺编译，辽宁民族出版社，2007，第 213 页。
② 〔日〕夏目漱石：《夏目漱石选集》，第二卷，丰子恺译，人民文学出版社，1958，第 228 页。

一郎在其令人毛骨悚然的短篇小说《恐怖》中也充分表现了火车的阴暗形象。小说描述了一个有"铁路综合征"的人，这种病使他在乘坐火车时"感到绝对恐怖的痛苦"，觉得火车外表冷漠，有着巨大的能量，沿着铁轨全速前进。①

近代性的一大标志就是人类的生活与机器开始发生紧密的联系。在瓦特发明蒸汽机以前，机器一般都放在工场里面，和普通民众的距离较远；自从蒸汽机被运用在火车上，火车又进入人类日常生活后，人类和机器的联系开始变得前所未有地密切。尽管如此，人与火车的亲密关系给人们带来的并不都是近代化的便捷，也带来了超出想象的震惊与伤痛。习惯于传统社会作息的人们不但开始要适应严格准确的火车时刻表，感受新的城乡时空格局，在封闭的车厢中经历新型人际关系，还要担心经常发生的火车事故。

《少女病》小说的结尾出现了戏剧性的转变，"发车铃声响起，电车开出了两三米后突然加速。就在这时，站在杉田旁边的几个乘客失去重心倒了过来，沉醉于幻想的杉田一下子松开了黄铜吊环。与此同时，他那庞大的身躯翻着跟头，像一个大球一般滚落在轨道上。车长大喊'危险'，为时已晚，下行电车呼啸而来，那黑色的大块头眼看就被拖出六七米，铁轨上留下了长长的一条血迹。警笛打破宁静，刺耳地响了起来"。② 而在《头与腹》中，也发生了类似的火车事故，尽管没有人员受伤，但也打乱了人们的生活节奏，使人们体会到火车除了带来便利性外，也有可能带来负面影响。③

在《三四郎》中，主人公在拜访朋友野野宫家时，经历了年轻女子卧轨自杀的事件。从明治末期到大正年间，因无法预期火车是否通过而遭到货运火车碾压的事故，以及通过跳轨来自杀的案件频频发生。阅读当时的报纸，可以发现东京郊外的山手线和甲武铁道等都发生过火车轧死民众的事件。火车速度之快，使民众中广泛流传着"火车能够让人一瞬间愉快轻松死亡"④ 的说法，于是，选择卧轨来自杀的案件急速增加起来。文学作品中的设定真实地反映了同时期迅速增加的意外事故和卧轨自杀事件。火车事故的不断发生，以及报纸对这些意外的细节描写，促使文学家们倾向于把火车

---

① 〔日〕谷崎润一郎：《初期短篇集》，陈若雷译，广西师范大学出版社，2018，第145页。
② 〔日〕田山花袋：《定本花袋全集》，第692页。
③ 〔日〕横光利一：《苍蝇》，商雨虹译，第184～195页。
④ 〔日〕夏目漱石：《漱石全集》第4卷，第12页。

作为邪恶、危险的代表性意象。火车由驯顺的机器变成了暴力的、嗜血的魔鬼，这既反映了人类无法掌控机器的恐惧感，也代表了火车促成的心理焦虑。或许可以说，现代性也同样表现为机器的危险性——人类制造了机器，却越来越不能完全控制它。

火车作为近代的产物，在殖民时期的韩国是与消极的情感联系在一起的。如果说火车是文明开化的象征，火车的鸣笛声就是惊醒人们的警铃。除了对铁路、火车的赞美，随之而来的还有负面的指责。铁路的建设是对农民、乡民的一种暴力。不管是房屋还是农田，只要挡住火车的去路就躲不过被拆除的命运。对于那些被迫拆迁的乡民，政府连最基本的补偿也没有提供，靠地吃饭的农民流离失所。不顾乡民的抗议，火车还是在韩国的土地上驰骋而过。除了征地以外，乡民们还要被迫去建设铁路。虽说有自愿参加的人员，但是以这些劳动力是远远不能满足需求的，每个郡都分配了一定的人数。为了建设铁路强行拉到施工现场的韩国人得到的却是非人的待遇，韩国人能拿到的日薪只有日本人日薪的一半或三分之一，而且连这点日薪还常常被扣押。在日俄战争的前夕，为了快速完成建设工程，日本人不惜使用暴力来推进工程，表达不满的带头者还会被处以极刑。

作为运送日本帝国主义的战争物资和战略品的手段的铁路，对韩国不同阶层的居民意义不同，比如说，对于留学生来说，火车是通往"文明世界"的通路；但是对被征集粮食和土地的农民来说，火车的汽笛声就像哭声。

韩国作家李仁植在《银世界》中描述道："夕阳西下，来来往往的行人都是从公司下班后回家的人。玉顺的弟弟等到天黑，他朝着铁路走去，专门挑一些人迹罕至的地方。大地似黑非黑的，十间房子之内的人影也若隐若现。玉顺的弟弟站在铁路旁的山坡上，望着下面的铁路，等着火车经过。……话音刚落，一列火车呼啸而来，玉男站在山坡上决心已定，闭上眼睛就向铁路跳下去，玉顺也跟着跳下铁路。这时有人在山坡下面呼喊着追过来，在那人跑上山坡的时候，飞驰的火车已经穿过了那个山坡。"因为无法维持生计，玉顺姐弟决定选择卧轨这一自杀方式，这也是当时生活困顿的人们经常的选择，在文学作品中也有一定程度的体现。

李光洙在《致少年》中也写道："死亡！生是什么，死又是什么。生和死仿佛是绑在一起的不同颜色的绳子，红绳和黑绳本没有什么不同，只是把绳子的一头染成了红色，另一头染成了黑色，其实他们之间的距离是零。现在，我到了哪里。我站着的地方与黑色的距离有多远。现在的我不就是身患疾病，全速奔向黑色的极端吗，想到这里，莫名的恐惧似乎笼罩着全身。"①上述部分是因为绝望而想到"卧轨自杀"的小说主人公的心理描写，可以看出在作家的眼中，火车与死亡有着密切的联系，生和死的距离如果看作是出发地和目的地，全速前进的火车就是缩短这一距离的罪魁祸首。

20 世纪初，在沦为殖民地的韩国，知识分子们深陷在彷徨和苦恼的情感之中。火车在文学中寓意偶然相遇，抒发着知识分子的彷徨，以及想要逃离这种彷徨的欲望。在探索光复之路的韩国，睁眼看世界的是那些接受新思想的知识分子。他们的彷徨和困顿，影射在了文学作品中的铁路、火车上。

李光洙在《无情》中又写道："文明的声音应该很嘈杂，嘈杂到站在钟路或南大门听不见相互的声音。真是可怜啊！生活在首尔的三十余万着白衣者们不知道这一声音代表着什么""为什么要点上那么多电灯，为什么那么多电报机和电话机不分昼夜地作响，为什么那狞恶的火车和电车在昼夜奔走。"② 上述这段描述体现了李光洙对当时愚昧的韩国人民的同情，他试图通过火车、电灯、电报和电话等商业文明的描写来启蒙当时的韩国人。

七 结论

在日本的近代文学中，火车作为足的延伸，为出行便利提供保障；作为速度的象征，缩小了世界各地的距离，改变了城乡地理格局与近代的通勤方式。同时，火车的发车时间、停靠时间促使人们对于时间进行精准的把握；虽然处在同一个封闭空间里，传统的话语交流被视觉接触所替代，火车车厢这一近代新型空间也为人际交往创造了新的际遇。此外，火车被赋予了特殊的含义。火车作为新兴产物不仅带来了速度的冲击，还反射出了铁制品的"冷酷"。与死亡联系在一起的火车反射出知识分子的彷徨和苦闷。

而沦为日本殖民地的韩国在不知不觉中被以日本为媒介涌入的近代文物和众多思想所冲击，在水深火热之中挣扎的韩国笼罩在帝国主义的阴霾之

---

① 한만수，「식민지시기근대기술（철도，통신）과인쇄물검열」，『한국문학연구』，32 집，2007年，p. 83。
② 이광수，「무정」，『춘원이광수전집 1』，삼중당문고，1962，p. 176。

中。韩国近代文学中火车与死亡联系在一起的"冷酷"形象虽然与日本近代文学中频频出现的因"火车"而死亡的事件有相似之处，但是又有本质的区别。火车这一形象有其阴暗的一面，代表着现代化所不可避免的牺牲。一方面，火车用速度带来了繁荣，但另一方面，它又威胁了传统的生活方式，甚至威胁到人类的生命。由此可见，速度并不总是充满善意，稍不留心就会惹来麻烦。

火车这一表象的出现不是一种偶然，而是时代的产物，是勘探这一时期的线索。日本、韩国两国的文学作品中出现的差异，是因两个国家所处环境不同而产生的，最大的差异是韩国已沦为日本的殖民地，这一差别决定了时局的紧迫程度和国民的心态。在日本统治下深受凌辱的韩国不无急迫之情，但是压抑的环境让知识分子更为苦闷、彷徨。这种环境下的生活使知识分子在作品中融入了对现实的失望、悲鸣和救国的希望。

Train and the Generation of Literary Modernity
—Taking Japanese and Korean Contemporary
Literature as Examples

Zhu Yifei

Abstract   After the Meiji Restoration, Japan built a large number of railways. Trains were introduced into Japan from the West in modern times. From the end of the 19th century to the beginning of the 20th century, Korea, which had become a Japanese colony, passively accepted the influx of trains through the media of Japan. As the main symbol of modernization and industrialization, train, on the one hand, with its speed and punctuality, greatly reduces the distance between time and space, connects urban and rural areas, cultivates people's punctuality concept, and creates new space for interpersonal communication. While the train brings the rapidity and convenience of the new generation civilization, the product of the modern civilization has also greatly impacted people's traditional way of life. Its cruel and violent mechanical attributes make people feel fear and anxiety in the great changes of the times. The writers of Japan and Korea are full of complex emotions about this modern thing with two sides. On the one hand, they are curious and amazed at new things, on the other hand, they are full of panic about the relationship between machines and human beings. They regard trains as dangerous evil, and the devil of death. Based on the space theory and taking the train space as the analysis object, this paper studies the influence of the train image on the modern literature of Japan and Korea, and explores the implication and meaning behind it, so as to better understand the complex period of modern times.

Keywords　Train; The modernity of literature; Japan; Korea

竹林七贤与海左七贤诗歌内容比较研究

——以嵇康与李仁老作品为中心*

金　晶　崔玲愿

【内容提要】竹林七贤是中国文学史上重要的文学团体，他们生活在动荡的魏末晋初，崇尚清静无为的生活，以高山仰止的品行为世人所称赞。朝鲜高丽末期的海左七贤是与竹林七贤在理想情趣、思想品格上存在很大相似性的文人群体，两者虽相隔千年，却由于相似的历史背景和共同的遭遇而在思想与创作方面存在共鸣。诗歌是两者创作的重要部分，其诗歌体现的情感有共同之处：都不满当权者把控政治，充满浩然正气，以及即使得不到赏识也不愿为了显贵而阿谀奉承的精神；在报国无门的情况下无奈选择归隐，表达了在精神上寻求超脱与自由的愿望；同时，他们都将崇高的品格当作人生重要的价值追求。但支撑两者创作的思想根基却是不同的，在对待为统治者所用的儒家正统礼法观上，两者有不同的态度，这体现了当时的主流思想对文人创作的影响。

【关键词】竹林七贤　海左七贤　诗歌　嵇康　李仁老

【作者简介】金晶，文学博士，吉林大学外国语学院副教授；崔玲愿，吉林大学外国语学院亚非语言文学硕士研究生。

竹林七贤是活跃在魏末晋初的名士群体，此称谓最早见于东晋孙盛

* 本文为国家社科基金项目“《东文选》诗歌与中国文学的关联研究”（项目号：14BWW017）的阶段性研究成果。

《魏氏春秋》。① 嵇康、阮籍、山涛、向秀、刘伶、王戎、阮咸七人时常聚集在当时的山阳县（今河南辉县、修武一带），于茂林之中对饮畅谈、抚琴赋诗、谈玄论道，过着潇洒飘逸的生活。然而，三国末期，政治腐败、社会黑暗，"曹马之争"的爆发促使竹林七贤聚集在了一起。在无法实现人生抱负的现实下，他们因远离官场、淡泊名利而被后人传颂。在同样动荡的高丽末期，也存在与之类似的七人文学群体——海左七贤。高丽王朝经历了武臣政变后，武臣专政，文人受到轻视。由李仁老、林椿、吴世才、赵通、皇甫抗、咸淳、李湛之七人组成的文学团体，常常聚在一起以诗酒为伴。两者虽相隔千年，但在相似的历史背景下，其作品在内容、情感、形式等方面存在许多相似之处；又由于处在两种异质的文化背景下，两者也存在不同之处。本文拟以这两个相似文学团体中的代表诗人——嵇康和李仁老的作品为中心，探讨其生活面貌和精神世界，从而使读者能从中品读到他们所处时代与国度中文人普遍的遭遇和情感。

一　竹林七贤与海左七贤诗歌所体现的情感与观念相似性

竹林七贤产生于动荡的历史时期，彼时司马氏和曹氏争夺政权的斗争异常激烈，民不聊生。七人的政治思想、强烈的自然皈依愿望以及对崇高人性的追求都是在当时司马氏和曹氏相互斗争的过程中形成的。对待政治，七人虽有不同的倾向，但是波诡云谲的政治斗争，在激发了文人强烈社会责任感的同时，也使得他们更加脆弱，开始对自然无为的老庄哲学产生向往，同时也让他们对人性道德有了更深的理解。同样，海左七贤亦经历了政治上的挫折，但他们持正不挠，保持特立独行的人格，并滋生出寄情山水的理想。

（一）现实与理想的矛盾：高洁的政治观

竹林七贤的结合并不是必然的。嵇康、阮籍、刘伶等侍魏而对执掌大权、已成取代之势的司马氏集团持不合作态度，乃至最后嵇康因此而被杀

---

① 《三国志》卷 21《魏书·王粲传》："时又有谯郡嵇康"注引《魏氏春秋》："（嵇）康寓居河内之山阳县，与之游者，未尝见其喜愠之色。与陈留阮籍、河内山涛、河内向秀、籍兄子咸、琅邪王戎、沛人刘伶相与友善，游于竹林，号为七贤。"（西晋）陈寿：《三国志》，中州古籍出版社，1996，第 273 页。

害；王戎、山涛则逐步投靠司马氏政权。但是纵观山涛三十余年的官宦生涯，他为官不贪，举荐无私，允正尽职，不阿附权势，可以说与嵇康等人的政治理念是殊途同归的。其中，嵇康是竹林七贤的主要精神领袖，是反对司马氏政权最突出的力量，他个性刚毅，不愿为了仕途违背本心。嵇康曾在听说山涛想举荐自己到司马氏朝廷为官时，写了著名的《与山巨源绝交书》，表明自己以节死国的士大夫情怀。① 他的创作也是极具气势和锋芒的，通过诗文倾诉对黑暗现实的直观感受，展示了刚直高洁的精神。

嵇康在《兄秀才公穆入军赠诗十九首》第一首写道：

> 双鸾匿景曜，戢翼太山崖。抗首嗽朝露，晞阳振羽仪。长鸣戏云中，时下息兰池。自谓绝尘埃，终始永不亏。何意世多艰，虞人来我疑。云网塞四区，高罗正参差。奋迅势不便，六翮无所施。卒为时所羁。单雄翩独逝，哀吟伤生离。徘徊恋俦侣，慷慨高山陂。鸟尽良弓藏，谋极身必危。吉凶虽在己，世路多险戏。安得反初服，抱玉宝六奇。逍遥游太清，携手长相随。

这是一首借物言志的诗。"双鸾"暗指一对志趣相投的好友，他们渴望永远远离尘埃，自由自在。然而掌管山泽的虞人早已布下了天罗地网，他们的翅膀再也挣脱不掉紧锁的牢笼，只好乖乖地接过长缨，穿上官袍。而"何意世多艰……卒为时所羁"几句则毫不留情地道出了当时司马氏集团对世人的压迫和束缚，表达了嵇康本人看透了仕途险恶，不愿意出任于乱世的高洁志向。

李清照曾在五言绝句《咏史》中这样歌颂嵇康的政治观："两汉本绍继，新室如赘疣。所以嵇中散，至死薄殷周。"正对应嵇康在拒绝山涛的举荐后所作的《与山巨源绝交书》中提到的"每非汤武而薄周孔"。李诗表现了嵇康不齿于山涛混不在意国家兴亡的苟且行为，不齿于司马氏不遵从礼法纲常的篡魏行为，赞颂了嵇康刚直不阿的精神。

高丽王朝毅宗二十四年（1170）爆发的以郑仲夫为首的武臣之乱直接导致了大批文臣被杀戮，幸免于难者或隐遁山林，或结社聚会以避祸消灾。

---

① 李鸿飞：《竹林七贤政治思想研究》，辽宁师范大学硕士学位论文，2014，第13页。

彼时战乱仍频、政权更迭，一些文人陷入仕途失意、颠沛流离的生存环境中，但这也促使他们理性地思考国家社稷的兴亡、个体生命的意义等重大问题，并将其作为题材熔铸到诗歌创作中。① 李仁老作为海左七贤的领袖，与林椿、吴世才等密友诗酒往来，采取和武人政权相对抗的态度，用诗文创作倾诉权贵的暴虐，揭露权贵的不公。《高丽史·李仁老传》中描述他"性偏急，忤当世不为大用"，② 他的儿子李世璜也说他"心中汹汹，居常郁郁"，③ 可见他是一个不肯和豪强势力妥协的人。李仁老在汉诗创作上有很大的成就，他的诗通常情绪悲愤，也有逃避现实的倾向。其诗作《续行路难》言语犀利，集中控诉了武臣政权的黑暗统治。

> 登山莫编怒虎须，蹈海莫采眠龙珠。人间寸步千里阻，太行孟门真坦途。蜗角战甘闹蛮触，路岐多处泣扬朱。君不见严陵尚傲刘文叔，七里滩头一竿竹。④

"编怒虎须"运用了《庄子·盗拓》中出现的典故，借指危险的事，暗喻当时艰难的世道。"蜗角战甘闹蛮触"一句则用《庄子·则杨》篇中"触蛮之争"的典故来讽刺武臣集团的夺权行为与暴政。"路岐多处泣扬朱"是借用了阮籍《咏怀诗》中的"扬朱泣歧路，墨子悲染丝"，讽刺了为了权贵而屈服自己人格的人最终只会为自己招致不幸。这里表现了李仁老虽仕途艰辛，无路可走，但坚决不为荣华显贵所折腰的精神。在《续行路难（其二）》中，他则渴望叩开天门，借天河之水洗刷污浊的世界。

> 我欲飚车叩阊阖，请挽天河洗六合。狂谋谬算一不试，蹄涔几岁藏鳞甲。栽洋未入子期听，黑虎难逢周后猎。行路难歌正悲，匣中双剑蛟龙泣。⑤

---

① 参见杨会敏《高丽后期"海左七贤"宗宋诗风论析》，《齐鲁学刊》2014年第6期，第130～134页。
② 〔韩〕延世大学校园学研究院编《高丽史》卷120，首尔：景仁文化社，1981，第248页。
③ 王红霞、唐斌：《韩国高丽诗人李仁老对李白的接受》，《天府新论》2010年第6期，第155页。
④ 〔朝鲜〕徐居正等编《东文选》卷6，首尔：民族文化促进会，1989，第1册，第198页。
⑤ 〔朝鲜〕徐居正等编《东文选》卷6，第1册，第198页。

李仁老亲历叛乱，新立武臣政权对文臣毫不容忍，他虽躲过劫难，却不得不感叹政治的无常与凶险，看透了朝政污浊，不肯为新政权歌功颂德。正如匣中悲鸣的宝剑，文人的才华也得不到应有的赏识。诗人在这里讽刺了昏庸的当权者，充满了不向强者献媚求和的浩然正气。

因此，尽管竹林七贤和海左七贤的创作都常被归为隐逸文学，但他们的消极避世多出于政治的压迫，归隐于他们而言是渴望清明政治却不得的无奈之举。尤其对李仁老而言，其诗中包含了大量怀才不遇的悲愤之情，并非无仕途之心；嵇康不齿于司马氏政权，渴望远离朝政，但是对于黑暗的政治局面也表现出文人所具有的责任意识，并警醒下代人要积极入世，避免自己的避世思想波及下一代。因此，他们都曾怀报国之心，只是理想与现实相矛盾，只能通过作品含蓄表达对朝政的不满，倾诉自己的政治观念。

（二）强烈的隐逸志向：超脱的自然观

竹林七贤与海左七贤都可被归为隐逸文人，他们的作品包含大量寄情山水的隐逸情趣。出于对世道的强烈不满，他们都渴望远离黑暗血腥的政治现实，追求自由的灵魂。虽如上所述，他们的隐逸志向都是出于对朝政的不满与逃避，有些甚至是一种韬光养晦的策略，但是在与自然为友的过程里，文人本身就具有的雅逸情怀便得以放大，他们在这一特定时期于隐逸自然的生活中真正得到了救赎。

嵇康的隐逸情怀在七人中是最强烈的。他崇尚老庄，主张"越名教而任自然"的生活方式，赞美隐者达士的事迹，向往出世的生活。在经历了魏晋政权交迭期的残酷争夺后，他更加厌恶功名利禄，不愿再与世俗周旋，渴望真正回归到自然之中。所以在其诗歌中，常常流露出对自然的憧憬之情，将自然看作自己理想的栖身之所、灵魂所托之归处。如他在《兄秀才公穆入军赠诗十九首（其十三）》中写道：

> 轻车迅迈，息彼长林。春木载荣，布叶垂阴。习习谷风，吹我素琴。咬咬黄鸟，顾俦弄音。感悟驰情，思我所钦。心之忧矣，永啸长吟。

"感悟驰情，思我所钦"，作者在体味自然的过程中敞开心扉，思念着远方的兄长。在这里，嵇康的情感已经融入自然界的一草一木当中，他与"春木"，与"谷风"，与"黄鸟"都建立起一种微妙的情感交流。只有在自然中，他的身心才能得到真正的宽解，这体现了他对于自然与情感一体感的寻觅。

另外其《酒会诗七首》对自然风光的描写优美婉转，是集中表达自己渴望投入自然怀抱的一组诗。如其中第二首："淡淡流水，沦胥而逝。汎汎柏舟，载浮载滞。微啸清风，鼓棹容裔，放棹投竿，优游卒岁。"歌唱了渔夫自由自在的生活，表达了渴望同流水共沉浮、同微风共飘摇，愿和谐于自然，了却余生的愿景。

李仁老也是因为身处难世，遭遇了各种挫折和苦难后，才渴望远离俗世、向往隐居生活的。但世事往往不能如人所愿。回观李仁老的一生，他在躲避武臣的血腥杀戮而归隐的六年后又回到开城，生活仍然徘徊不出各种权势高压的纠缠，皈依自然的愿望并没有得到最终的实现。但现实生活中的失意苦闷仍然让他对自然抱有憧憬之意，在他充满隐逸意志的诗作中，常常流露出对大自然的赞美。

李仁老十分羡慕陶渊明的隐逸生活，还把自己的住处命名为卧陶轩。其诗作《游智异山》① 就表达了对陶渊明"桃花源"式理想国度的向往，是李仁老渴望遁世生活的真实写照。诗中的会稽山和青鹤洞都是隐逸之地的象征，诗人在寻觅桃源仙境，虽始终没能如愿，但是在过程里邂逅了大自然的纯粹。"落花流水"的美景让诗人停下脚步，自然便成了他能够远离嘈杂的理想乡。另外，在《早春江行》② 中，李仁老也有很多关于自然景物的直接描写，并且尽量减少自己感情的介入。这表明他将自然看作与世俗尘世相隔绝的仙境。有些诗句直抒胸臆，如《山居》③ 中一句"始觉卜居深"和《漫兴》④中的"静中滋味在，岂是世人谙"，表达了他渴望与自然相通融的愿望。

---

① 〔朝鲜〕李仁老《游智异山》："头流山向暮云低，万壑千岩似会稽，策丈欲寻青鹤洞，隔林空听白猿啼，楼台缥缈三山远，苔藓依俙四字题，始向仙源何处是，落花流水使人迷。"〔朝鲜〕徐居正等编《东文选》卷 13，第 2 册，第 77 页。
② 〔朝鲜〕李仁老《早春江行》："花迟未放千金笑，柳早先摇一搦腰，鱼跃波间红闪闪，鹭飞天外白飘飘，碧岫巉巉攒笔刃，苍江杳杳涨松烟，暗云阵阵成奇字，万里青天一幅笺。"〔朝鲜〕徐居正等编《东文选》卷 20，第 2 册，第 401 页。
③ 〔朝鲜〕李仁老《山居》："春去花犹在，天晴谷自阴。杜鹃啼白日，始觉卜居深。"〔朝鲜〕徐居正等编《东文选》，卷 19，第 2 册，第 351 页。
④ 〔朝鲜〕李仁老《漫兴》："境僻人谁到，春深酒半酣。花光迷杜曲，竹影似城南。长啸悉无四，行哥乐有三。静中滋味在，岂是世人谙。"〔朝鲜〕徐居正等编《东文选》卷 9，第 1 册，第 390 页。

以嵇康为代表的竹林七贤和以李仁老为代表的海左七贤，都曾经在自然中寻觅到尘世所没有的静谧祥和，并且最终将自己的隐逸愿望托付于自然，使灵魂得到超脱。

（三）对崇高人性的赞美：刚直的道德观

竹林七贤之所以被后人倾慕、争相模仿，不是因为他们诗酒为伴、安享岁月，而是因为他们品性高洁、正气凛然，是真正不同流俗、超然独达的名士。在嵇康、阮籍都倡导的"越名教而任自然"的思想中，"名教"确指儒教的礼法纲常、道德规范，但是综观嵇康一生行事，他并非完全排斥儒家的仁义礼智，而是执着于此。所以在道德观层面，"任自然"并不是指的放任人性，而是包含着对至纯人性之美的追求。他认为司马氏提倡的"名教"是其用来自利的，而真正的美德是没有框架的，身心明达、保持自我的人自能分辨是非贵贱。他要求当时的统治者和世人不要用歪曲后的名教思想去束缚本性中最真挚最善良的人性之美。[①] 嵇康不仅自己表现出纯真的人性之美，同时也经常在诗歌中谈论人的道德修养。如他的《兄秀才公穆入军赠诗十九首（其十六）》中写道：

> 闲夜肃清，朗月照轩。微风动袿，组帐高褰。旨酒盈尊，莫与交欢。鸣琴在御，谁与鼓弹。仰慕同趣，其馨若兰。佳人不存，能不永叹。

诗人心中倾慕与他有相同志趣的人，渴望遇到如他一般品德高尚如同空谷幽兰的人，可是现在佳人不复存在，使诗人黯然长叹。这里体现了他对高尚人格的迫切追求。这首诗是嵇康在品德层面的总体追求，希望自己与周围的人都能具备澧兰沅芷般的品格。而在他的组诗《六言诗十首》中，以贤人君子理想为中心，以具体的人物为例，为人们展示出了贤人君子的标准，同时也映射出他对自己人生的期许。如在其中一首《东方朔至清》中，赞美了东方朔"不为世累所撄，所以知足无营"的处世态度；在《楚子文善仕》一诗中，他更是认为楚国的令尹子文、鲁国的士师柳下惠都拥有崇高的美

---

① 贾湘婷：《竹林七贤与海左七贤诗歌比较研究——以嵇康、阮籍、李仁老、林椿为中心》，延边大学硕士学位论文，2014，第 24 页。

德，认为他们"不以爵禄为己，静恭古惟二子"，能做到任心而无措，宠辱不惊，因此无往而不适。

李仁老深受当时高丽王朝的政治现实迫害，在武人执权的惨淡岁月里，尽管面对现实巨大的压抑，甚至受到严重的生命威胁，也并没有泯灭性格里的刚毅，他不与世俗同流合污的精神一直为世人所传颂。在他的作品中，也时常会引用一些前人的事迹来表现对高贵品格的寻觅。如在《饮中八仙歌》① 一诗中，李仁老引用了苏晋、张颠、贺知章等以饮酒为乐，同时又言行高尚的八位雅士。诗人在诗中赞扬了他们清尘脱俗的品格，表达了希望也能像他们一样摆脱俗世，真正拥有高洁灵魂的意愿。

政治的动荡和世道的不平，引发了很多人趋炎附势、追逐名利的行为，这与两个团体的文人所向往的至美人性形成巨大的反差。因此他们怀念古人古事，企图以古人的高山景行感化世人。这体现了两者诗作的一个共同主题，就是对人性之美的孜孜渴求。

二 竹林七贤与海左七贤的思想根基之差异

（一）魏晋玄学下的"越名教"思想和高丽儒家正统思想根基

说到竹林七贤所处时代的思想背景，常常和魏晋玄学联系在一起。魏晋玄学以《老子》、《庄子》和《周易》为宗，以有无、言意、才性、自然与名教为主要辩题，以发言宏远为标志，以清谈为主要表现形式。② 竹林七贤对魏晋玄学的发展具有重大的贡献，他们在思想上建立起玄学的基础，并在文字上加以宣传，由此促进了魏晋玄学的兴盛。竹林七贤本质上就是以老庄精神为皈依的，尤其阮籍，"行己寡欲，以庄周为模则"；③ 嵇康更是玄学的

---

① 〔朝鲜〕李仁老《饮中八仙歌》："长齐苏晋爱逃禅，脱帽张颠草圣传，贺老眼花眠水底，宗之玉树倚风前，汝阳日饮需三门，左相晨与费万钱，太白千篇焦遂辩，八人真个饮中仙。"〔朝鲜〕徐居正等编《东文选》卷13，第 2 册，第 75 页。
② 参见卫绍生《竹林七贤与魏晋玄学》，《中州学刊》2014 年第 10 期，第 146～152 页。
③ 《三国志》卷 21《魏书·王粲传》："才藻艳逸，而倜傥放荡，行己寡欲，以庄周为模则。官至步兵校尉。裴注引《魏氏春秋》曰：籍以世多故，禄仕而已。闻步兵校尉缺，厨多美酒，营人善酿酒，求为校尉，遂纵酒昏酣，遗落世事……时率意独驾，不由径路，车迹所穷，辄恸哭而反。"（西晋）陈寿：《三国志》，第 266 页。

代表人物，《晋书·嵇康传》中有言："天质自然，恬静寡欲，含垢匿瑕，宽宏有大量"，嵇康自己也说："老子庄周，吾之师也。"① 嵇康生活的时代，正处在司马氏的高压统治时期，司马氏篡夺曹魏政权，宣扬以孝治天下，实际上是打着名教的幌子，罗织罪名，排斥异己。暴力统治与儒家所提倡的忠君爱民思想大相径庭，于是以嵇康、阮籍为首的竹林七贤挑起了魏晋时期的自然与名教之争。嵇康认为司马氏所提倡的"名教"实际上是鼓吹其篡权合理性的工具，他尖锐地指出儒家经典所宣扬的礼法名教束缚人性、违反自然。可以说其提出的"越名教而任自然"思想的核心便是不为名教所拘，而求得精神上的自由。因此嵇康也认为儒、道是不可统一的，在他的世界观里，更崇尚老庄思想中那种浮游天地、任性自然的生活方式，产生了寄情山水的避世思想。而对于被司马氏化为自己所用的虚伪礼教，嵇康则表现出反抗的态度，强调"名教"与"自然"的对立：

> 及至人不存，大道陵迟，乃始作文墨，以传其意，区别群物，使有类族，造立仁义，以婴其心，制为名分，以检其外，勤学讲文，以神其教。故六经纷错，百家繁炽，开荣利之途，故奔骛而不觉。②

嵇康尖锐地指出，被统治者所利用来为自己服务的礼法名教不仅是违反自然、违反人性的，而且是社会上种种伪善、欺诈的根源。他批评统治者"造立仁义"的做法，认为六经与礼法都是统治者束缚人们思想的工具。

在嵇康的《五言诗三首（其一）》中，"仁义浇淳朴。前识丧道华。留弱丧自然。天真难可和。"感慨人们自然的本性被人为因素所扭曲，人的淳朴本性被儒家仁义观浇灭。诗句批判了统治者钳制人们思想的行为，是对为统治者所用的儒家纲常的反抗。

高丽时期，朝鲜把新罗时期将佛教作为国教的体制继承下来，但同时儒教在其政治文化的发展中也有很大的推动作用。太祖王建的《训要十条》表明了他欲利用儒教思想治国的理念。在高丽社会中，儒教一般被认为是解决现实政

---

① 出自嵇康《与山巨源绝交书》。（三国魏）嵇康著，戴明扬校注：《嵇康集校注》上册，中华书局，2014，第196页。
② 出自嵇康《难自然好学论》。（三国魏）嵇康著，戴明扬校注：《嵇康集校注》下册，第447页。

治问题的政教理念，儒家的"仁""德"思想是保持政治安定的关键思想工具。生活在高丽时代的李仁老也是一名儒家思想根深蒂固的文人。他曾因武臣之乱削发为僧，之后却又科举及第，表现出积极入世的态度。其在及第后曾戒断饮酒，努力改变归隐时的生活态度而适应官场生活。其在归隐时期所表现出来的道家式避世思想，很大程度上是带有无可奈何的成分的。他表现归隐情趣的作品都包含着怀才不遇的沧桑感，流露出归于待命的思想。"他的归隐并不是彻底的，他清高而并不落寞，他归隐的目的是'保不材于栎社，安深穴于神丘'"。①因此，与嵇康不同，李仁老本质上是服从于统治者儒家治国的礼法观念的。如在上文中提到的诗作《续行路难（其二）》②中一句"行路难歌正悲，匣中双剑蛟龙泣"，将自己比作匣中悲鸣的宝剑，空有一身才华却因不被重用而得不到施展，充满了壮志难酬的自我悲悯之情；另外其五言古诗《竹醉日移竹》③中的"信美非吾士"一句化用了建安七子之一王粲的诗句，也表现了其渴望建功立业却又无可奈何的痛苦和无奈。倘若仕途顺利，他是甘愿为统治者殚精竭虑的。这里同时也体现了他儒家式的传统忠仁思想。

　　由此可见，嵇康出于对统治者的不满，不羁于当权者用来驾驭人们思想、巩固统治的儒家礼法观，而推崇以老庄清逸思想为核心的玄学，处处表现出对虚伪名教思想的反抗，也体现出与统治者的不合作态度。而李仁老的作品中虽也充满道家的无为、隐逸情趣，但背后却有更多无可奈何的情绪，他时时渴望得到贤君重用，显然具备儒家知识分子所持有的典型的"达则兼济天下，穷则独善其身"的思想表现。两者的差异表面上看来是由于对待当权者的态度，实则源于支持两者创作的不同思想根基。

（二）竹林七贤的自我忧患意识和海左七贤的儒家式忧国忧民思想

　　竹林七贤对于当权者的不满使他们远离了是非之地，不事权贵。道家老

---

① 闫钰卓、刘翔宇：《李仁老、陶渊明田园诗的美学解读——以〈谩兴〉、〈饮酒（五）〉为中心》，《名作欣赏》2013 年第 26 期，第 83 页。

② 〔朝鲜〕李仁老《续行路难》其二："我欲飙车叩阊阖，请挽天河洗六合。狂谋谬算一不试，蹭蹬几岁藏鳞甲。羲洋未入子期听，黑虎难逢周后猎。行路难歌正悲，匣中双剑蛟龙泣。"〔朝鲜〕徐居正等编《东文选》卷 6，第 1 册，第 198 页。

③ 〔朝鲜〕李仁老《竹醉日移竹》："古今一丘貉，天地真蓬庐，此君独酩酊，兀兀忘所如，江山虽有异，风景本无殊，不用更醒悟，操戈便逐儒，司马尝客寓，夫子亦旅寓，新亭相对泣，数子真儿女，此君耻靦系，所适天不阻，何必登楼吟，信美非吾土。"〔朝鲜〕徐居正等编《东文选》卷 4，第 1 册，第 122 页。

庄式的自然无为思想给了他们摆脱苦难的通路，但他们在享受超俗洒脱生活的同时，面对当时动荡的社会局面，也时常流露出对人生世事无常的感慨。由于司马氏为巩固政权大诛异己的行为，以竹林七贤为首的士人们不再执着于建功立业的追求。在他们的思想中，儒家追求的以最大限度实现人的社会价值的生命观开始退位，他们转而开始关注个人人生的祸福得失。嵇康作为曹魏宗室姻亲，在曹魏和司马氏的斗争中是无法躲避的。他想保全生命、悠游山林，但现实的黑暗仍然不能使他摆脱对自我命运的忧患意识。例如在嵇康的一系列游仙诗中，他曾把自己的隐逸志趣融于其中，在幻想中寻求个人生命的安定。也有一些作品直接表现了其对吉凶祸福的担忧。如在《代秋胡歌诗（其一）》中嵇康写道："富贵尊荣，忧患谅独多。"愈是处在富贵优渥的环境中，愈要警惕忧患。又如在《兄秀才公穆入军赠诗十九首（其一）》中也有言："吉凶虽在己，世路多险隘"，再一次在诗中提到了人世的险恶。这不仅是对其兄仕途之路的担忧，也是嵇康自我心迹的真实表露。由此看来，嵇康在当时黑暗的政治环境中，是渴望与当权者保持距离的，他诗中的忧患意识全来自对自我命运的担忧。虽饱含无奈，他也决心与政治仕途相决绝，只追求个体生命和精神的自由。

而对于海左七贤而言，儒家的正统思想根基决定了他们仍具有兼济天下的情怀。海左七贤的咏怀诗中很多都曾表现出家园失落的流落之感、济世安邦的心声与对朝廷中兴的渴望。这种情怀深刻体现了当时从宋朝传来的儒家经世致用的入世思想和强烈的社会责任感。七贤们个人虽屡遭不幸、颠沛流离，但却与嵇康、阮籍对待政治和仕途的消极态度不同，他们始终没有表现出对政治和仕途的绝望之感，而是时常超越其个人的不幸而抒发忧国忧民的愁苦。李仁老的《续行路难》不仅表达了对自身才华得不到施展的悲愤，更重要的是大胆揭露了高丽王朝的腐败，渴望唤醒统治者，使其能够清明治国。李仁老尽管自己始终得不到赏识，也拒绝向当权者阿谀献媚，不肯同流合污；但这并没有意味着他与世沉浮，放弃修身治国的理想，反而时时刻刻保持着对国计民生的忧患情思。李仁老在其诗作《灯夕（其一）》①中，以

---

① 〔朝鲜〕李仁老《灯夕》："风细不教金烬落，更长渐见玉虫生。须知一片丹心在，欲助重瞳日月明。谷寒未放金莺哢，风峭难教海燕来。须信帝城春色早，银花千树彻宵开。"〔朝鲜〕徐居正等编《东文选》卷20，第2册，第402页。

一句"须知一片丹心在，欲助重瞳日月明"写出了自己的政治参与理想，即渴望以一片赤诚之心，帮助君王实现一个太平盛世。这也从侧面反映出诗人对现世的不满和忧思。

三 结语

魏晋时期的竹林七贤和韩国高丽时期的海左七贤是一直被两国文学学者进行比较的文学团体，两者在创作内容上有着极大的相似性。在政治观点上，两者虽都不愿与当权者的暴虐统治同流合污，但是各自心中都存有明朗清晰的政治理想，面对不满的政治局面，虽无力改变也绝不屈服，都具有高洁不折的精神；面对相似的遭遇，两方文人都选择归隐的道路，企图在自然中获得精神慰藉，到达梦之归处。另外，两个文学团体都渴望拥有高尚的道德情操，向往古人高风亮节的言行，陶冶刚直的品性是他们永恒的人生价值追求。但是支撑两者创作的思想根基却是不同的。以嵇康和阮籍为例，对于竹林七贤而言，他们所推崇的"越名教而任自然"实际上否认了当权者用来巩固统治的儒家礼法纲常，从本质上来说是道家思想的继承，他们以其创作和行为生动诠释了魏晋玄学的精髓和底蕴。因此他们的作品中往往充满了个人忧患意识，尽管已身处朝堂之外，但对统治者倡导的正统儒家思想的挑战仍使他们时刻充满生命无常的担忧。而海左七贤本质上仍然是心向朝廷的，尽管才华得不到赏识，也不愿屈服于统治者的淫威，时常流露出报国无门的沧桑遗憾之感。因此他们的思想并没有脱离统治者的控制，仍坚持着与当权者相一致的儒学正统，身在民间却心系朝政，时常体现出忧国忧民之思。

对古代中、韩两国两个相似文学团体的比较，有助于我们进一步了解各自的历史状况以及盛行的思想，加强对中韩两国文化交流史的理解，有利于我们体味历史背景对于文人创作的影响。本文主要从两个文学团体的诗歌创作入手，把握其内容观念和思想宗旨的相似点与不同之处，但没有对两者的写作手法、修辞运用等方面加以探究，希望在以后的研究中进一步探索，完善比较层面。

Research on the Differences between the Poems of Seven Sages of the Bamboo Grove and the Poems of Seven Sages of Haizuo

—*Focused on the Contrast between Poems of Jikang and Poems of Lirenlao*

Jin Jing, Cui Lingyuan

Abstract　　Seven sages of the bamboo grove were a group of Chinese scholars, writers, and musicians living at the end of the Wei Dynasty and the beginning of Jin Dynasty, who played an important role in the history of Chinese literature. They adore a life of tranquilness, non-action and peace, and enjoy being praised by people for their noble sentiments. Seven sages of Haizuo in the end of Koryo Dynasty is a similar literary group to seven sages of the bamboo grove in the aspect of ideal pursue, delight of life and morals. Although there is a 10 − century distance between the two groups, they have something in common in the aspect of thoughts and creation because of the similar historical background and common experience. Poetry composition is an important part for the two groups, which reflected their wishes to escape the intrigues, corruption and stifling atmosphere of the court life and their integrity and nobleness. What's more, they both stressed the enjoyment of personal freedom, spontaneity and a celebration of nature, which leads to their options to retreat from the mundane life. Besides, they both take integrity and nobleness as their lifelong pursuits. However, the ideological roots of the two groups' poem creation are different, and they also have different attitudes towards Confucian orthodoxy, which reflects the influence of the relevant prevailing thinking on the poem creation of literati.

Keywords　　Seven sages of the bamboo grove; Seven sages of Haizuo; Poems; Jikang; Lirenlao

近期韩国学者对蜀汉历史文化
题材的研究评述[*]

近期韩国学者对蜀汉历史文化题材的研究评述*

近期韩国学者对蜀汉历史文化题材的研究评述*

王冠蕙　李晓丽

【内容提要】蜀汉－三国作为历来都引人注意、激人兴趣的一段特定历史文化质态，在韩国学术界和民间同样获得了众多人士的青睐。在近 20 年时间内，许多的韩国学者都将关注点放在了这段既不失为精彩的真实历史，又充满文学想象和艺术再创造可能性的中国特定时代的多方面问题研究上。本文即以近期韩国学者对蜀汉历史文化问题的整体研究情况为考察对象，对于所收集到的韩国学者的研究文章及其研究思路、理论要点、独特创见等做一综论评述，以期为国内学者了解韩国的蜀汉研究状况提供帮助。

【关键词】韩国　蜀汉历史文化　《三国演义》

【作者简介】王冠蕙，教育学博士，四川师范大学国际教育学院助理研究员，巴蜀文化研究中心研究员，四川省区域和国别重点研究基地韩国研究中心研究员；李晓丽，四川师范大学教育科学学院研究生。

蜀汉历史文化，包括以传说演义形态流传演变于中华大地的三国史传故事，一直以来都是中华文化的重要组成部分。作为一个在当代社会学术、文化、政治、历史诸领域都有着重要影响，对当代中国士民精神、国家气性都

---

* 本文为教育部人文社会科学重点研究基地四川师范大学巴蜀文化研究中心 2017 年重点资助项目"近期韩国学者对蜀汉历史文化题材的研究评述"（项目号：BSWH－1708）的最终成果。

存在隐性曲折反映和心理投射的重要文化，蜀汉－三国文化在中国学术领域也同样是一个长久的热点论题，历来都被国内各学科领域的学者所关注，与此相关的研究已取得丰硕的成果。不仅如此，放眼东亚传统儒家文化圈，蜀汉历史文化以及其他涉及三国历史的演义故事、人物传说乃至于三国精神风度等"三国元素"，在这些国家同样也是民间百姓和知识阶层的兴趣点所在，百余年来始终不失为域外汉学研究领域的重要内容。在今天的东亚学术界，研究者不仅有资深专家，也包括诸多青年俊彦，他们将中国蜀汉－三国历史文化作为了自己的学术田园，不断耕耘开垦，贡献出蜀汉研究的丰硕成果。

以韩国为例，总览韩国学者目前对蜀汉－三国历史文化的研究，我们可以发现，异域学界同人主要以《三国志》和《三国演义》这两本著作为基础研究材料，在近数十年间发表出来的相关论文、著作已有十数篇以上。这其中既有专文论述诸葛亮、关羽、刘备等历史人物形象，也有针对蜀汉北伐东进、征战四方的历史探讨，整体上呈现出类型多样、思路独特、视角新异的特征，其研究方法亦有独到之处，成果样态俨然不同于国内学界。尽管如此，中国学者对韩国学界关于蜀汉历史文化的研究基本上还知之甚少。为此，本文拟采取一种宏观俯瞰的视角，以韩国学界已有的研究成果为综览对象，就近二十年时间内韩国学者对蜀汉历史文化所进行的研究进行综合评述，希望以此为导引，为国内研究者了解韩国学界同领域命题的相关科研成果形成一个积极有益的增进。

总的来说，笔者目前所收集整理的韩国学界近二十年内有关蜀汉－三国历史文化的专题性研究论文共有15篇，这些研究分别涉及：《三国志》文献、《三国演义》小说故事文本在韩国的传播与受容状况；韩国民间对三国蜀汉重要人物，尤其是被神话化、传说化的武圣关羽、贤君刘备的接受与信仰；有关蜀汉王国的政治生成、权力结构、军事拓展、社会管理以及南夷（西南夷）经营、对魏北伐等各方面的讨论。尤其是部分韩国学者注意到蜀汉－三国故事及其话语文本在东亚不同国家、不同社会群体间的流传、理解、接受和受容方式所存在的差异性事实，继而撰述专文予以研究。从研究者基于求实溯本、探寻根源的学术态度而展开的对中华文化包括蜀汉－三国特殊历史问题的考察中，我们也可以发现，蜀汉－三国文化研讨之所以能在近年畅兴于海外汉学界，实际上是中华文化对周边文化辐射的结果。韩国学者甚至有意识地从一种更高的、更具学术目的性与文化功利性考量的层面，对蜀汉历史与东亚诸文化圈的深久渊源展开有关对比性、渗透性以及影响性等方面的纵深探讨。这一系列既能拓宽国内学者的研究思路和视野，又颇具文化探讨、国际交流意义的韩国研究论文，值得国内学者与普通读者对此予以特别的关注以及同情性的了解。

一　韩国学术界对于蜀汉 – 三国文化的受容情况探讨

韩国仁川大学大学院国语国文学科李殷奉的《〈三国志演义〉的形成过程和接受情况的研究》认为，在韩国民间，《三国演义》不仅是英雄主义小说，而且对于诗作、歌词、俗语等民间文化亦有着极大影响。[①] 该文章以《三国志演义》的写作过程和在韩国的接受情受作为考察重点，对《三国演义》几百年来在韩国社会的流传和接受进行了分析研究。通过对中韩两国后出的历史演义小说有重大影响作用的《三国演义》在韩国士民社会的流传过程以及韩国读者对《三国志演义》的接受史、阅读史进行考察，作者对《三国演义》文本以及三国时代众多历史事件、民间传说等在韩接受、流转及文化 – 文学嬗变情况进行了较为详细的探讨。韩国庆尚大学大学院中语中文学科姜在仁的《〈三国演义〉中的诗歌研究——以有关诸葛亮的诗歌为主》则主要从传入韩国的《三国演义》文本中的相关诗歌吟咏，尤其是针对蜀汉名相诸葛亮的大量诗歌的书写状况入手进行了研究。[②] 作者认为，这些吟诵诸葛亮的诸多诗篇，主要呈现出以下一些基本特点：第一，吟咏诗篇中与诸葛亮有关的诗歌普遍以描写和赞扬诸葛亮的智慧、功绩以及为蜀汉国家所做出的辛劳贡献，即所谓"鞠躬尽瘁、死而后已"的品性为主；第二，作者罗贯中在《三国演义》文本（韩文本）中选择以使用大量诗歌的方式来竭力赞扬诸葛亮卓越的政治眼光及清廉的德行，从而极大地增加了《三国演义》韩文译本的艺术价值；第三，如上所言，《三国演义》文本所选吟诵赞扬诸葛亮的诗歌，虽有少数作者自创的作品，但更多是写作于作者罗贯中之前的无名人士之作品，作者借用前人创作抒发内心对于诸葛亮的赞赏情怀，其中自然存在一种明显的"文本借喻"以及相关话语修辞之技

---

① 李殷奉，『「三國志演義」의 수용 양상 연구』，인천대학교，박사학위논문，2006。
② 姜在仁，『「三國演義」詩歌研究』，慶尙大學校大學院，석사학위논문，2009。

巧；第四，诗歌书写经常出现处于特定历史环境中的个人思想情怀的诗句，这其中又以透过比喻来传达人物之高洁品格的诗句尤为明显。与中国本土汉语版的《三国演义》文本进行对比，我们可以发现在传入半岛地区以后，《三国演义》的文本形态已经有了较多的改变。据我们的阅读经验可知，《三国演义》的罗贯中中文本内容磅礴，用语精湛，但实际上却并不以诗歌吟咏见长，根本比不得同样居为古典名著的《红楼梦》的杰出小说文本——诗词创作在其语言叙述结构中占据了相当重要的艺术地位以及内容比重。相反，今天的韩国读者在对韩文版本《三国志演义》的接受过程中能够阅读出一番极为不同的内容重点，这就很大程度上说明传入韩国文学领域的韩文版《三国志演义》，已经与传统的中国本土《三国演义》产生了极大的不同。

二 东亚文化圈各国对于《三国演义》文学文本接受的比较研究

韩国学者注意到在同属东亚文化圈且同样深受中国儒家传统文化影响的韩国和日本，人们对待《三国演义》和对待三国文化的态度、方法及重点都有所不同，因而有韩国学者专门将关注点放在了韩、日两国乃至韩、中、日三国《三国演义》文本接受之差异性的研究上。

李恩朋的《看〈三国志演义〉的两种视角——韩国的传统大义论和日本的武士忠义论》①、《〈三国志演义〉在韩国和日本的流传和接受》② 两篇文章与张国政的《韩－中〈三国志演义〉的形成过程和受容过程》③ 在研究论题的切入点以及论证方式上有相似之处，都是从国别比较的角度，对《三国志演义》在东亚文化圈内不同国家之间的传播、接受、流传情况以及作品意义解读等进行了一番对照性鉴别和评价。前两篇文章由于出自同一论

---

① 이은봉,「＜삼국지연의＞를 보는 두개의 시각－한국에서 의傳統의 大義論과 일본에서 의武士의 忠義論」,『古小說研究』, 제35집, 2013, pp. 269－294。

② 이은봉,「한국과 일본에서의〈삼국지연의〉 전래와 수용」,『東아시아古代學會』, 제23 기, 2012, pp. 659－684。

③ 장국정,『韓·中〈三國志演義〉의 형성과정과 수용양상』, 세명대학교 대학원, 석사학 위논문, 2013。

者之同一论题，在理论观点方面有所交叉重合，都是从韩日两国文化差异性的前提立场出发，对《三国志演义》的差异化国别流入以及由此而造成的各自国家文化语境之下三国文化的特殊样态予以探讨。作者尤其注意到罗贯中原版的《三国演义》所宣扬的性理学正统忠义论（大义论）思想在流入韩、日两国后所发生的转变，以及给两国原有传统文化所带来的冲击。此外，该论者同时也注意到，《三国志演义》在传入日本以后，通过将三国故事、三国元素融入日本民间一直具有高人气、高平民文化代表性的传统木偶说唱类音乐表演戏——净琉璃之后，中国《三国演义》的"忠义"精髓亦随之而得以大规模、大幅度地深入日本民间文化。作者因之对日本净琉璃戏本世界中三国"忠义"的形象样态、观念呈现、内涵演变、流转过程等展开了特别的考察。张国政的《韩-中〈三国志演义〉的形成过程和受容过程》一文则从中韩比较和文本源起、流传的角度讨论了《三国演义》小说故事在中国的早期产生、故事源起、版本类型以及在韩国的传入情况。该文章依托相对充实的材料和详备的数据，以一种理性考察的眼光和谨慎求实的科研精神对待《三国演义》文本在韩国的流传演进过程，其学术态度值得赞赏。例如其介绍了韩国中古历史之朝鲜王朝时代（1392～1896），于半岛地区所流传的《三国演义》的不同版本就有 47 种笔记本和 11 种坊刻本之多；1910 年韩国近代文学步入转换期以来，《三国演义》的活字本亦有 16 种 4 大类的详细划分，4 种类型的相关情况作者均给予了介绍，这就为国内学者了解海外汉籍关联文献的流传变化等相关学术问题提供了有益的参考。

三 韩国民间对关羽信仰的研究以及
对刘备形象的对待方式之考察

有关这一主题的文章主要有首尔女子大学大学院史学科韩国史专业申善雅撰写的《朝鲜高宗时代对关羽信仰的变化》[①]、李城行的《朝鲜知识人诗

---

① 신선이, 『고종대 關羽信仰의 변화』, 서울여자대학교 대학원, 석사학위논문, 2014。

文中投影的"关王庙"——以明清交替期为中心》①、中国华中师范大学白桂凡与韩国庆熙大学闵冠东合作撰写的《从政治角度考察关羽神圣化的历史变化》② 以及釜山大学研究生院中文系成英昌的《〈三国演义〉中的备形象研究——以刘备形象的理想化塑造的原因及意义为主》③ 等。其中第一篇、第二篇论文都提到有关中国蜀汉名将关羽在《三国演义》故事于明清之际传入朝鲜地区后被逐渐神圣化、信仰化的过程。朝鲜王国在壬辰倭乱（1592～1598）之后于朝鲜国土上设立关王庙，关羽信仰由此传播开来。朝鲜时代的高宗皇帝（1863～1907 年在位）对于关羽信仰有着高度的关注，高宗在位期间为了维护政权、安定王室和恢复王权，在一定程度上利用了关羽信仰。《朝鲜高宗时代对关羽信仰的变化》一文便从这一视角出发，以朝鲜王国时代后期，尤其是高宗时代，关羽信仰发展的情况为焦点，对高宗1897 年宣布改号为"大韩帝国"以后关羽信仰的变化予以详细的考察。《朝鲜知识人诗文中投影的"关王庙"——以明清交替期为中心》的作者也同样注意到，中国的关王庙祭祀、关帝崇拜既是历史的事实，又充满着文学的想象，它在经过历代帝王的推崇和宗教性的神圣化之后，逐渐实现了普遍化和国际化。这一国际化趋势尤其表现在关羽崇拜自中国逐渐萌芽以后，不仅只延续在中国的大地上，同样亦潜移默化地影响到朝鲜半岛。朝鲜王朝不但于壬辰倭乱之后设立了关王庙，在其后的朝代祭祀中，关羽的地位和威望也逐步提升。在这种历史文化背景之下，其后数百年时间内，朝鲜知识分子以关王庙为素材，创作了数量可观、质量优秀的诗文作品，燕行诗中以壮镇堡关王庙为素材的作品亦非常之多。该文针对明清交替时期朝鲜知识分子以关王庙崇拜信仰为创作题材的诗文为考察对象，对这些诗歌的思想内容、情感表达以及关王崇拜的文化信仰内涵等方面内容进行一番较为充备的论述。《从政治角度考察关羽神圣化的历史变化》一文将考察对象放在中国本土的民间信仰上，通过异域人士的学术慧眼认识到关羽作为中国蜀汉时期的杰出武将，在历代王朝的政治层面都有被推崇为神的内在政治驱动力。关羽在魏

---

① 이성형,「朝鮮 知識人의 詩文에 投影된 '關王廟'」,『漢文學論集』, 第38 辑, 2014, pp. 257－289。
② 배규범·민관동,「정치적 관점에서 본 關羽 神格化의 歷史的 변모 양상 고찰」,『비교문화연구』제42 집, 2016, pp. 313－342。
③ 성영창,『「三國演義」의 劉備形象연구』, 부산대학교 대학원, 석사학위논문, 2006。

晋南北朝的时候只是被描述为一个杰出将领，但在经历了隋唐时代以后，通过武成王庙从祀被编入了国家祀典，并且在宋元时代被从"侯"升为"公"，后来又从"公"大幅度地升为了"王"的等级。而到了明清时代，关羽的神圣化程度达到了顶峰，甚至超越了"王"而臻至于"帝""圣"之位，同时被赋予了统摄三界的最高权能。关羽的影响力对下至百姓上至士大夫乃至国家君王，在信仰、道德与伦理等层面都产生巨大影响，因之关公大帝最终成为一种精神上的中国守护神。历史上的统治者对于关羽的封号多样，其作为消除国家灾难、维护封建统治的神祇之一，有非常重要的政治性作用。

成英昌的《〈三国演义〉中的刘备形象研究——以刘备形象的理想化塑造的原因及意义为主》一文，则从另一位蜀汉重要人物刘备的后世形象接受角度出发，对其作为一位开创霸业、政绩丰硕的一方之主予以了正面的认识和积极的评价。作者认为刘备作为蜀汉政权的开国之君，不失为一位优秀的君主，是一位足可与曹操、孙权鼎足而立的天下英杰，而不仅仅是小说中的一个理想化的、"苍白无力"的文学产物。该研究正是从这一历史人物的价值认识出发，详细探讨了作为历史人物的刘备成为文学小说《三国演义》之理想人物的原因及其意义。作者在研究中创造性地提出，作为小说演义中想象化、浪漫化、虚空化的刘备形象之形成，背后有着一系列历史的、政治的、文化的以及民间百姓信仰与价值层面的深邃原因：其一，出于历代封建统治阶层所坚持的"蜀汉正统论"的考虑；其二，源于"人民群众的情绪"的考虑，"反对暴君、拥护好皇帝"是封建统治下人们共同具有的爱憎心理，也是《三国演义》书中"拥刘反曹"的基础；其三，"作者的意图"，即作为"封建统治下的进步知识分子"，罗贯中一边主张"有德者在位"的进步政治理想，一边拥护"刘姓在位"的正统观念。而且"夷陵败战""白帝城托孤"这样的悲剧性故事，是刘备的"桃园结义""三顾草庐"等行动所引起的必然的历史结果，所以刘备这位被理想化塑造的人物在美学价值上起到了进一步强化《三国演义》悲剧效果的艺术作用。通过作者的研究和思考，可以看到在韩国学界对于蜀汉历史的考察以及对《三国演义》文学人物的分析认识，在相关方面已走到一个相对前沿的位置。

四 从政治、军事斗争角度对蜀汉权力集团相关活动的学术探讨

这方面的论著有韩国忠南大学教育大学院社会教育专业全映珠所撰的《关于蜀汉的权力构成的研究》①、韩国西江大学大学院历史学科赵大浩的《蜀汉的北伐和食粮问题》② 以及由许富文撰写的《蜀汉的南夷经营》③ 三篇文章。《关于蜀汉的权力构成的研究》从益州蜀汉政权集团权力构成的来源及其权力结构之组合与形成等方面，探讨了汉末至三国定鼎数十年时间内益州地区多个势力集团并逐公权的历史局面。作者围绕益州区域多种势力类型的人物集团，从三方面展开具体研究：第一，以后汉末为时代背景，对早期逐步形成的刘关张战力集团、中原任侠集团、刘备在支配荆州后随之西进的归蜀士人集团以及归蜀之后刘璋政权的非益州人士与益州人士集团进行分别研究，解析其各自力量在最终形成的刘备政权中的具体作用；第二，对刘备在入蜀建立政权的过程中有着重要影响力的非益州人士的威望，以及建安末期的表文和人事纪录进行研究，讨论其间的一些特别人物、特别事件在其政治活动中所起到的重要作用；第三，对对刘备的蜀汉政权之建立产生重要影响与辅助作用的另一势力集团，即益州土著进行研究分析。《蜀汉的北伐和食粮问题》则主要对蜀汉向魏北伐时的粮食问题如何发生以及带来的问题和最终的结果进行分析。作者利用《后汉书》、《三国志》、《华阳国志》和《资治通鉴》等基本史料，探讨当时在蜀魏斗争极为激烈的情形下有关国家在粮草问题上所面临的状况及其带来的决定性后果。作者尤其关注到蜀汉当时正处于被荆州－吴国以及北方魏国势力夹击的局面之下，在蜀汉北伐的同时，大量处于蜀吴权力交叉区域的荆州人士亦参与了北伐。如果荆州势力北伐所追求的利益和益州的北伐互有关联，则可以推想出蜀汉北伐的目的和关联性背景。为此论文在分析蜀汉北伐的同时，对于荆州的力量问题、

---

① 全映珠，『蜀漢의 權利構成에 關한 研究』，忠南大學校大學院，석사학위논문，1998。
② 조대호，『蜀漢의 北伐과 食糧 問題』，서강대학교 대학원，석사학위논문，2010。
③ 許富文，「蜀漢의 南夷 經營」，『역사학보』，2017v，第 99·100 合辑，pp. 185－213。

影响因素等也做了较为详备的研讨。与这一研讨既有方法论和论题思路上的对应联系，又具有论题针对性的另一篇文章《蜀汉的南夷经营》，则就蜀汉政权建立和运转期间所开展的南夷区域拓展、南夷蛮族之政治征服等相关问题进行了研究。作者首先对当时蜀汉的处境进行了分析，通过对同时代西南区域之政治状况、南夷区域之土人结构、潜在军力资源储备等各方面的分析来考察蜀汉不得不经营南夷的原因，同时也对蜀汉南夷经营的过程、事件、历史意义等进行了较为详细的讨论。论文尤其关注到建兴元年（223）发生的南夷叛乱事件，意识到正是出于对南夷叛乱的应对以及后续情况的处理，才促成了诸葛亮南夷经营、南夷管控政策的实施与对南夷区域的有效控制。因此，剖析蜀汉政权对南夷叛乱事件的处理也就可以在相当程度上明确蜀汉当时的南夷经营政策之本质内涵。作者探讨该论题具有政治、历史、军事和边夷种族对照性考察的综合研究思路，文章颇具问题意识和历史观察视野，论证过程亦有启发学界同人的学术效果，值得中国同行一读。

五　与巴蜀－蜀汉历史相关的史学论题之考察研究

这其中包括由作者金石佑撰写的《2～3 世纪巴蜀地区的史学和士人的迁移》[①] 以及崔石媛和金宝景合作的《南宋文人的三国历史观考察——以蜀汉正统论和人物谈论为中心》[②] 两篇论文。前篇论文作者首先提出一种史学区域化、地理化研究观点，认为史学的发展推进以及相关问题的探讨都离不开一种地域性因素的考虑。因此在公元 2～3 世纪政权交替的历史时期，在学术活动逐步脱离京师王权中心、学术开展之"家门化""地方化"已蔚然成风、学术主导权从国家缓慢转移向民间并出现多元化趋势的情形下，地域的因素在历史叙述、史籍撰著以及史观史识之成型巩固过程中都具有重要作用。作者认为，为了更准确而全面地理解认识汉末以后的史学发展，有必要以区域化、地理化的观点对诞生于巴蜀地区的主要史学作品进行

[①] 김석우，「2～3 세기 巴蜀지역의 史學과 士人의 이주」，『韓國史學史學報』，第 26 辑，2012，pp. 280－316。

[②] 최석원·김보경，「南宋 문인의 三國 역사관 고찰」，『中國語文論叢』，第 75 辑，2016，pp. 203－227。

研究。巴蜀是汉末以后史学发展的重镇，谯周的《古史考》、陈寿的《三国志》、常璩的《华阳国志》等都是这一时期的史籍名作，所有撰著者都出身于巴蜀，而这些史学名籍所传内容也与巴蜀地区有着千丝万缕的牵连，因此以地理化的史观来研究汉末魏晋历史以及相关历史撰著，自然会得出不同成果。论者甚至认为倘若将这一时期的巴蜀史学和中原盛行的玄学做一对比，抑或将有不同的启悟。

时下中国学术界正兴起一股地理学的研究热潮，通过金石佑的这篇论文，我们不妨略作想象，如果文学地理学的方法论尝试真能在学术领域生根发芽以至于开放出璀璨亮丽的学术花朵，那么利用地理学、地域性学术思考方法来对待史学研究，亦未尝不能促进中国史学研究领域的拓展。后一篇论文则主要从南宋文人与时代历史政治以及与民族关系密切相关的正统论思想、正统论史观立场出发，首先就南宋末期文人对三国人物的态度进行考察评价，同时，对南宋文人在历史小说创作领域将《三国志》改编为《三国演义》这一文学创作过程所涉及的文人心灵、民族心态以及历史意识等论题做一番探讨。论者对于本命题所展开的中国特殊时代知识分子文化心态的考察亦极具学术创论。

六　宋永程《左思的〈蜀都赋〉》介绍

最后需要评述的一篇韩国学者论蜀汉的文章是由宋永程撰论的《左思的〈蜀都赋〉》①。该文以作品介绍、文学批评方式，向韩国读者展示了在中国汉大赋铺张扬厉、润色鸿业的基础上，中国赋体文学进入魏晋时代以后风格之延续与变化的相关情况。文章不仅通过《三都赋》的赋文介绍，还通过韩国学者眼中的西蜀公子、东吴王孙、魏国先生之口传，对三国的都城及其地形状况、周边环境、市邑布局、宫室建筑、娱乐活动等进行了描述。从作者介绍《蜀都赋》所展现的蜀国之险峻地势、《吴都赋》之富饶疆土、《魏都赋》之典雅章法等的具体文字中可以看出，正是由于韩国当代知识者的异域文化视角以及对于古典时代都市存在的一种审美主义情感倾向，文章所呈现出来的三都景观样态，相比于国内学者、国内一般文

---

① 宋永程，「左思의『蜀都赋』」，『中國語文論譯叢刊』，第 38 辑，2016，pp. 337-359。

学接受对象所先行具有、已经固化的中国式当代人文化审美观念而言，的确有所不同。作者在文中展开的对左思《三都赋》所写内容的介绍便自然具备了文学推广与学术研究之拓宇工作等诸方面的重要意义，同样亦值得学术界的重视和体察。

七　结论

综上而言，基于中国蜀汉－三国时期历史文化本身所具备的丰富内涵以及留给后世的无限阐释、解读、发掘的意义空间，有关这一时期的学术科研在中国的学术历程中始终是一汪源源不断的文化渊泉，给后世带来不尽的灵感、智慧、滋养。即便在海外的异域文化与学术领域，在东亚儒家文化圈更广泛的人群之中，我们依旧相信蜀汉文化－三国故事同样可以成为他们的精神富矿资源。由于时间的急迫、准备的仓促、资料收集的局限以及作者学术能力的不足，本文的评述研讨出现了较多的缺漏。可以断定除笔者收集的 15 篇韩国学界论文之外，自然还有同样涉及蜀汉三国论题，并在研究上或更富于创见的论文面世于韩国学界而为笔者所遗漏，作为本文的评述论者，自然要恳请中韩学界的同人原谅。随着韩国学界对蜀汉－三国学术问题更进一步的研讨，随着包括笔者在内的中国学人对韩国学术考察方面更进一步的着力，相信会有更多韩国学者论蜀汉、论三国的研究成果会在韩国和中国的学术园地中被发现并呈现给大家。作为中国的学者和中国的读者，我们一方面对此充满信心和期待，另一方面也为中华文化之源远流长并能够在今日更广泛的文化圈、更开阔的世界学术领地内为他国人民、为异文化受众所接受和热爱而深感自豪。文化的自信来自民族文化本身的基底和宏阔气魄，蜀汉－三国文化作为中华传统文化的一份重要遗产，最终定会在世界上、在世界学术领域内持续成长，成为世界历史文化园地中一棵永远蓬勃活跃的生命之树！

Review on the Recently Studies of History and Culture of Shu-han by Korean Scholars

Wang Guan-en, *Li Xiaoli*

Abstract　　Shu-han culture and history in three kingdoms, as one of an attractive and specific periods, has shocked lots of scholars all over the world. It has also gained a lot of people's interests in Korean folk and academic cirdes. In recent 20 years, Korean scholars have focused on the research of various aspects of the China's specific historical period, Shu-han, which is not only a wonderful real history, but also full of literary imagination and artistic recreation. In this paper, the object of investigation is Korean scholars' overall research on the history and culture of Shu-han. It has been made a comprehensive review over the relevant articles written by the Korean scholars on the research ideas, theoretical points and unique creation. To be convenient for Chinese scholars to understand the status of Korean progress in the study of Shu-han issue. And it is helpful to learn the developments of today's overseas sinology.

Keywords　　Korean; Shu-han historical culture; *Romance of The Three Kingdoms*

社会与民俗

"送穷"与"送痘神"：中韩两国民间风俗小考

——以韩愈《送穷文》与朝鲜文人的《送痘神文》为例

【内容提要】中韩两国交流的历史悠久，在诸多方面关系密切。两国在文化
习俗方面有很多似而不同之处。其中，中国的"送穷"仪式与韩国的
"送痘神"仪式在民俗学上有很多相似点。朝鲜后期天花（痘疫）肆虐
一时，一些文人有意借鉴和化用韩愈的《送穷文》创作了《送痘神
文》。鉴于此，本文先从文化的角度察看"送穷"与"送痘神"的渊源
和背景，接着以《送痘神文》为中心，探讨文化的类似性如何转化为
文学方面的接受、创新。

【关键词】《送穷文》 《送痘神文》 "送穷"仪式 "送痘神"仪式

【作者简介】金美罗，韩国圆光大学讲师。

一　序言

众所周知，韩愈《送穷文》是其有意模仿赋体的问答形式，通过描写
与"穷鬼"的问答，辛辣嘲讽自己穷困现状的文章。但就其文化背景而言，
《送穷文》中的人鬼问答，是基于唐代民间流行的"送穷"仪式的。唐代有
正月晦日送穷之俗，当时诗文中偶有记之，但多语焉不详。据韩文，送穷时

要"结柳作车，缚草为船"。唐代以后，送穷风俗一直在民间流行。至明清时期，各地在送穷的风俗上自然地出现了不同之处，但仍有唐宋旧俗的遗迹。

韩愈的文章，早在新罗时期就传入韩国，至高丽中期在文人之间广泛流传，韩愈被尊为文章之宗。至毅宗时，韩愈之文已成为最佳的写作典范。如当时的文人崔滋就曾提过，在文章写作方面只有韩文值得学习。① 朝鲜文人在创作时，一边积极吸收韩愈文章的诸多优点，一边尝试有所变化。鉴于此，历代韩国文人喜欢韩愈《送穷文》的原因就成为一个颇值得探究的话题。

本文先针对韩愈《送穷文》中的"送穷"仪式，从文化的角度来考察其渊源及文化背景，再通过朝鲜文人创作的《送痘神文》来察看韩国的"送痘神"仪式，探讨朝鲜文人对《送穷文》在文化、文学方面的接受与创新。

二 "送穷"仪式的文化渊源与背景
——以韩愈《送穷文》为中心

从《荆楚岁时记》注所引《金谷园记》，还有《岁时广记》引《文宗备问》和《四时宝鉴》的内容可知，送"穷鬼"是指送高阳氏子的习俗，"穷鬼"亦称"穷子"，"高阳氏"即古帝颛顼。② 又有颛顼之子死后变为疫鬼，"居人宫室，善惊人小儿"，于是有"正岁命方相氏帅肆傩以驱疫鬼"

---

① 参见〔高丽〕崔滋《补闲集》卷上《金兰丛石亭》："若文辞则各体皆备于韩文，熟读深思，可得其体。"〔韩〕朴性奎译注《译注补闲集》，首尔：보고사（BOKOSA），2012，第 139～141 页。

② 《荆楚岁时记》中记"晦日送穷"。按《金谷园记》云："高阳氏子瘦约，好衣敝衣食糜。人作新衣与之，即裂破，以火烧穿著之，宫中号曰'穷子'。正月晦日死。今人作糜、弃破衣，是日祀于巷。曰'送穷鬼'。"参见（梁）宗懔撰，宋金龙校注《荆楚岁时记》，山西人民出版社，1987，第 30 页。此外，南宋末年陈元靓的《岁时广记》卷 13《号穷子》中记有："《文宗备问》：'昔颛帝时，宫中生一子，性不着完衣。作新衣与之，即裂破，以火烧穿着，宫中号为"穷子"。其后以正月晦日死，宫人葬之，相谓曰"日送却穷子也。"因此相承送之。'又《图经》云：'池州风俗，以正月二十九日为穷，九日扫除屋室尘秽，投之水中，谓之"送穷"'"；另一篇《除贫鬼》中则有"唐《四时宝鉴》：高阳氏子，好衣弊食糜，正月晦日巷死。世作糜，弃破衣，是日祝于巷曰：'除贫也'"的记载，参见顾廷龙主编《续修四库全书·史部·时令》，《岁时广记》卷 13，上海古籍出版社，1995，第 885 册，第 242 页。

的传说。① 据此，古代神话传说中送穷与驱傩的对象，均是高阳氏颛顼之子。但要注意"疫鬼"传说在前，"穷鬼"传说在后的事实，"穷鬼"极可能从"疫鬼"衍生而来。早在汉代，民间就开始流行颛顼之子死后化为"疫鬼"的说法。从神话人物及其形成地域来看，颛顼与南方楚国的神话有关，因而其亡子所居的江水也就是长江流域。"疟鬼"是疟疾的象征物，而且江南湿热地带瘴气、疟蚊等病源亦多，于是在民间自然容易盛传这一神话故事及相应的巫术仪式。②

据康保成的研究，从"疫鬼"衍生出"穷鬼"，可能还有语言上归附的原因。《大戴礼记·帝系》有云："颛顼产穷蝉，穷蝉产敬康"，《史记·五帝本纪》亦有"帝颛顼生子曰穷蝉""敬康父曰穷蝉，穷蝉父曰帝颛顼"等记载。上古神话又有穷奇，为四凶之一（一说即共工），是恶神，但由《后汉书·礼仪志》"穷奇、腾根共食蛊"之句可知，至汉代，穷奇在民间已有为民逐疫鬼的吉神形象。大体可以推测，"穷鬼"即从穷蝉、穷奇附

---

① 相关记载见于汉代著作《礼纬》、王充《论衡》、《后汉书·礼仪志》注引《汉旧仪》、蔡邕《独断》、《玄中记》及《搜神记》等书。如《礼·稽命征》："颛顼有三子，生而亡去，为疫鬼：一居江水，是为疟鬼；一居若水，为魍魉；一居人宫室区隅，善惊人小儿，为小鬼。"参见〔日〕安居香山、中村璋八辑《纬书集成》，河北人民出版社，1994，第 512 页；《论衡·订鬼》引《礼》曰：'颛顼氏有三子，生而亡去为疫鬼：一居江水，是为虐鬼；一居若水，是为魍魉鬼；一居人宫室区隅沤庚，善惊人小儿。'《论衡·解除》："昔颛顼氏有子三人，生而皆亡，一居江水为虐鬼，一居若水为魍魉，一居欧隅之间，主疫病人。"参见（东汉）王充著，黄晖撰《论衡校释》，中华书局，1990，第 935～936、1043 页；《独断》卷上："疫神：帝颛顼有三子，生而亡去为鬼，其一者居江水，是为瘟鬼；其一者居若水，是为魍魉；其一者居人宫室枢隅处，善惊小儿。于是命方相氏黄金四目，蒙以熊皮，玄衣朱裳，执戈扬楯，常以岁竟十二月从百隶及童儿，而时傩以索宫中，敺疫鬼也。"参见台湾商务印书馆编审委员会主编《四部丛刊广编·子部》，商务印书馆，1981，第 25 册，第 7 页；《玄中记·端门送疫》："颛顼氏三子具亡，处人宫室，善惊小儿。汉世以五营千骑，自端门传炬送疫，弃洛水中。《荆楚岁时记》注《玉烛宝典》引作自端门送至洛水。"参见（晋）郭璞《玄中记》卷 1，顾廷龙主编《续修四库全书·子部》，上海古籍出版社，1995，第 1264 册，第 284 页；《搜神记》卷 16："昔颛顼氏有三子，死而为疫鬼：一居江水，为疟鬼；一居若水，为魍魉鬼；一居人宫室，善惊人小儿，为小鬼。于是正岁，命方相氏帅肆傩以驱疫鬼。"参见（晋）干宝著，马银琴、周广荣译注《搜神记》，北京：中华书局，2009，第 286 页；《后汉书·志》第 5《礼仪中》："先腊一日，大傩，谓之逐疫。"注："《汉旧仪》曰：'颛顼氏有三子，生而亡去为疫鬼。一居江水，是为疟鬼；一居若水，是为罔两蜮鬼；一居人宫室区隅（沤庚），善惊人小儿。'"参见（宋）范晔《后汉书》，中华书局，1999，第 2121～2122 页。

② 李丰楙：《〈道藏〉所收早期道书的瘟疫观——以〈女青鬼律〉及〈洞渊神咒经〉系为主》，《中国文哲研究集刊》1993 年第 3 期，第 424 页。

会而来。① 又《说文解字·病部》："疫，民皆疾也。从病，役省声"，《释名·释天》有："疫，役也，言有鬼行疫也。"据此可知，古人把"疫病"看成是每个人都要经历的、由鬼传染的疾病。颛顼之子是传染源，民众的生存因疾病的流行陷入困境。官方和民众期望方相氏统帅的队伍通过巫术性的仪式驱逐疫鬼，使传染病不再流行，让人类的困境解除，恢复合境安宁的秩序。②

由上述所言，"疫鬼"传说在前，流行亦广，反映出人类对生命的关心超过对财富的追求。随着社会生产力的提高与医学的发展，人们越来越祈望五谷丰登、子孙繁盛、岁岁平安。总之，人们追求生活幸福美满的欲望日益增长，所以逐贫求福的内容也自然地渗入驱傩活动中。与此同时，汉代以后儒家独尊，驱傩活动愈渐世俗化，只在民间得到认同。从驱疫鬼到送穷鬼，或者在原始驱傩活动中掺进送穷内容，都是在这样的背景下产生的。

从韩愈的《送穷文》来看，韩愈作为儒者文人，不事鬼神，但又非全然不信，其《原鬼》写得扑朔迷离，即是其证。再如，他在《送穷文》中借用问答形式来表现主人对穷鬼的恭敬，但也有所自嘲，这可能是与民间对鬼神敬畏的心态以及接送、迎接鬼神的祭祀仪式有关。实际上，在上古神话中，鬼神常常善恶不定，具有复杂的个性。就是说，颛顼之子可以是人们驱赶的疫鬼、穷鬼，也可以是帮助人们驱逐疫鬼的傩神。可以说，《送穷文》呈现出儒家文人对民间宗教思想的认识。

三　天花娘娘、痘神与妈妈——以民间风俗为主

（一）天花在中韩两国的名称渊源

天花是人类历史中流传时间最长、范围最广且危害巨大的急性传染病，在中国尚有别名，如"痘疫""痘疮""虏疮""圣疮""天疮""百岁疮""豌豆疮"等。中国最早记录天花的是晋代葛洪的《肘后救卒方》（亦称《肘后备急方》），其卷 2 中有提及天花的部分，如"比岁有病时行，仍发疮

---

①　康保成：《韩愈〈送穷文〉与驱傩、祀灶风俗》，《中山大学学报》1993 年第 8 期，第113 页。

②　李丰楙：《行瘟与送瘟——道教与民众瘟疫观的交流和分歧》，《民间信仰与中国文化国际研讨会论文集》，汉学研究中心，1994，第 374～375 页。

头面及身，须臾周匝，状如火疮，皆戴白浆，随决随生，不即治，剧者多死……永徽四年，此疮从西东流，遍于海中……以建武中于南阳击虏所得，乃乎为虏疮"。① 据此，天花是从南方传入的传染病。汉晋之际，南北交通的往来、大量人口的迁移、南方地区的开发，以及如水灾、战争等天灾人祸频发，均造成时人面临许多新疫病的威胁。天花在唐、五代时期也时有发生，至北宋开始以"痘疮"为名。其病程约有 12 天的潜伏期，之后出现高烧、寒颤、严重头痛及背痛等病状。通常在发病后的第 4 天，会循序出现成批的斑疹、丘疹、疱疹、脓疱等皮疹反应，之后皮疹干缩并遗留终身性斑痕。因天花传染之势迅猛，古人惧怕，故神化，且各地所俸痘神各异。

痘神之说，多见于明代，初无女神，后痘神在中国民间大多被称为"痘疹娘娘"。痘疹娘娘又称痘疹姐姐、天花娘娘等。有关其源流的说法就有很多种。其一，据《三教源流搜神大全》记载，在山东，人们奉张纯为痘神，他是唐代武则天时期的刺史，被称为"兼理麻痘役，专以保童，为司命之官也"。其二，据清黄斐默《集说铨真》引《封神演义》，以余化龙与其五子达、兆、光、先、德为痘神。商代余化龙死后被封为碧霞元君，率领五方痘神，掌管天下痘症。其三，据清姚福均《铸鼎余闻》卷 3，明初湖北黄冈地区尊崇柳花夫人，亦称柳夫人，即痘疽娘娘。其四，北京东岳庙内，有供奉灵感天仙圣母九位夫人的娘娘殿，南城的药王庙娘娘殿也供奉同样的娘娘。其中，有斑疹圣母保幼和慈元君、痘疹圣母莉毓隐形元君，民间称为斑神与痘神，是小儿的保护神。其五，据施鸿保《闽杂记》卷 4 的记载，清代福州登瀛桥旁有珠妈庙，珠妈设神为刘姓，亦称娘娘，即福建地区信奉的刘娘娘；福州的痘神为珠妈，都是掌管天花之神。由此可见，民间信仰中以痘疹娘娘为掌管天花之神，流行于全国各地。

痘疮在韩国，称为妈妈、客人、客人妈妈、胡鬼妈妈、户口别星、别神、痘神等。妈妈与中国的娘娘一样，是对宫中女性的最高尊称，但在韩国也对男性使用，如：上监妈妈（指国王）、大王妈妈。对痘疮使用"妈妈"这一词汇，可见人们对痘神何其敬畏、恐惧。有趣的是，除了汉族以外，满族社会很可能也受到汉人民间信仰之影响，其亦相信天花疫情是由"omosi

---

① 《肘后备急方》，吴润秋主编《中华医书集成》（第八册·方术类 1），中医古籍出版社，1997，第 20 页。

mama"（满语，汉语为子孙娘娘）所造成的。满语 Omosi 的意思为众孙，mama 有祖母、祖母辈、老太婆之意，另外，亦用来指称痘。mama 之字义保存了满族受汉族民间信仰影响的痕迹。[①] 历来韩民族与满族在生活和文化方面一直有着密切的交流，这为推测天花在韩国为何有"妈妈"之称提供了一条线索。户口别星这一名称中，"户口"是指痘神要挨家挨户一个也不落地访问以传染疾病；"别星"指的是奉着使命前来的特别客星。为何痘疮还被称为客人、客人妈妈？因为客人一般不会长留别人家，过一段时间就回去，所以在此可以看出民众所寄托的期望早日病愈的心愿。别神的意思是"特别的客神"。此外，由"胡鬼妈妈"、"西神"及"客人"名称可知，痘疮不是韩国固有的风土病，而是从外国传入的疾病。韩语中，一般包括"胡"字的名词大都是从中国传入的物品。而且，从地理位置来看，中国位于韩国的西边，痘神在韩语中被称为"西神"，即是从西边的中国传入的神。

（二）中韩两国有关天花的文化习俗——"送穷"仪式与"送痘神"仪式

其实，痘疮是新罗时期已经存在的疾病，[②] 但其"威震天下"的时期是朝鲜时期。由新罗时期至朝鲜时期，痘疮在韩国一直被认为是从外国（中国）传入的疫病，[③] 而且在韩国叙事巫歌中也可以发现这样的认识。如在韩国叙事巫歌中，有痘神表明自己为何到朝鲜来的原因："据说，朝鲜好，朝鲜人很懂礼仪，他们对神的供奉很不错，而且那里的斋饭也很好吃、衣服也很好，所以特意从大江南国过来了。"[④] 在韩国沿海、岛屿地区的民间信仰

---

① 王嘉斌：《清代关于天花之民间认知与治疗》，《史辙（东吴大学历史学系研究生学报）》2007 年第 3 期，第 107 页。

② 在韩国，有关"痘疮"的信仰，难以确定从何时开始，但痘疮的流传路径推定为 4～5 世纪由韩半岛北方即中国的东北地区，以及通过黄海从中国山东及沿海地区传入韩国。新罗圣德王三十六年（公元 737 年），痘疮从韩国又传入日本。由此可知，痘疮在韩国流行的历史已经很久了。根据此点，黄柄翊将在《处容歌》中的疫神看作传播"痘疮"的神，即痘神。〔韩〕黄柄翊：《疫神的原型与新罗〈处容歌〉的意味考察》，《精神文化研究》2011 年第 6 号（第 34 辑），第 140 页。

③ 〔韩〕金玉珠：《朝鲜末期痘疮的流行与民间的对应》，《医师学》1993 年第 2 卷第 1 号，第 40 页。

④ 转引自〔韩〕郑庄顺《韩国古典叙事文学中呈现出的"痘神"之形象及神的性格》，高丽大学硕士学位论文，2015，第 52～58 页。

和故事中，痘神与朝鲜之间的媒介是"船夫"和"船"。

再回看中国的"送穷"习俗。"送穷"之风的渐趋奢华，可追溯至唐代《送穷文》中所言"结柳作车""缚草为船"。如：

> 元和六年正月乙丑晦，主人使奴星结柳作车，缚草为船，载糗舆粮，牛系轭下，引帆上樯。三揖穷鬼而告之曰："闻子行有日矣，鄙人不敢问所涂，窃具船与车，备载糗粮，日吉时良，利行四方，子饭一盂，子啜一觞，携朋挚俦，去故就新，驾尘风，与电争先，子无底滞之尤，我有资送之恩，子等有意于行乎？"[1]

元和六年即公元 811 年，韩愈时年 45 岁，任河南令。就送穷之日而言，还存在诸多分歧，有除夕、正月初三、正月初五、正月初六、上元节（正月十五日）、正月廿九、正月晦日（正月三十日）这几种说法。这些日期上的差异，反映出送穷习俗在流传过程中在不同时代、不同地域、不同文化背景下的演变和调整。就如，在韩国为了防止痘疫，祭祀"灵登奶奶"的日期为农历二月初一。[2]

所谓"糗粮"即指干粮，"樯"即桅杆。此段是说，"送穷"时需要用柳枝条编成车，以草扎成草船，并备上干粮。在将牛系在柳车轭下，帆挂在草船桅杆上，一切准备妥当后，就开始礼送"穷鬼"。主人三揖穷鬼，劝说他快速离开。这些场景的描述，应该是韩愈亲身经历或基于见闻而撰写，真实地反映了当时的"送穷"习俗。"结柳作车""缚草为船"，揭示了送穷鬼的两种交通工具：柳车、草船。对穷鬼而言，无论是选择走水路（草船），抑或走旱道（柳车），均可便捷出行。此外，主人还细心地为他备好

---

① （唐）韩愈撰，马其昶校注：《韩昌黎文集校注》，上海古籍出版社，1986，第 570 页。
② 在韩国民间信仰习俗中，灵登奶奶是主管风的女神，亦称灵登神、灵登娘娘、风神、风神奶奶、帝释奶奶等。据传说，她每到农历二月初一下凡，约 20 天后再回天上去。此时，为了防止痘疫且要迎接灵登奶奶，家家都准备荆条编的簸箕或蒭马，用糯米做的糕饼，把它们装在簸箕中，然后摆在后院向灵登奶奶诚恳祭拜，此称为"驱风"仪式。很多地方的人认为，通过驱风仪式，灵登奶奶让风将痘疫吹到远方去，家里就不会发生痘疫。其实，有关她的传说每个地方各有不同，济州与沿海地区的人认为她主管"丰渔""海上的天气"；大部分内陆地区的人认为她主管"五谷丰登""家庭平安"。在济州岛，人们将簸箕编成船的样子，向灵登奶奶祭拜。

了旅途中所需的干粮。这些都是为了让穷鬼尽快离开，从而使主家摆脱贫穷。其中，"船"的材质有几种类型，如：草船、木船、芭蕉船、纸船。还有，由于"送穷船"与"送瘟船"在形制、功用及仪式内涵上都十分接近，故而民众往往将二者混为一谈。如《古今图书集成》引用《湖广志书》"大冶县"条有云：

> 五月十八日送瘟，纸作龙舟长数丈，上为三闾大夫像，人物数十，皆衣锦绣彩绘，冠佩器用，间以银锡，费近百金，送至青龙堤燔之，其盛他处罕比。昔人沿"送穷"之遗制，船以茅，故至今犹谓之茅船，而实则侈矣。①

此处明述了当地流行的"送瘟船"习俗就是沿袭古时"送穷"旧制，因为送穷船是用茅草编作，故时人沿袭，将瘟船称为茅船。其实送瘟仪式就是要送走疫鬼，送穷仪式则要送走穷鬼。就仪式而言，所送的对象特质上虽有差异，而此二鬼却同为颛顼之子。普通民众将其混淆也是可以理解的。②

就韩国送痘神习俗而言，据朝鲜后期实学者李圭景的《五洲衍文长笺散稿》，痘疫亦称"痘神娘娘"，是已被神格化的女性形象。在民间如果患上痘疫，就立娘娘的神位，给它穿衣裳，摆设祭桌而祈祷。在中国，人们崇拜痘神娘娘，视其为治疗痘疹的女神。这可以说明基于中国民间信仰的道教传统传入朝鲜后所发生的影响。现将李文中的相关内容摘录如下：

> 宋真宗世，王旦为其子素，求江南女道士，而使素善痘。此即今种痘法也，详见《衍文长笺》。不为觊觎，而尝阅张琰《种痘新书》，则欲痘时，先立神位，像女人具衣裳以妥而祈祷。而称痘神娘娘云，则乃沿峨嵋种痘女冠，而有此附会也。我东则痘神，曰胡鬼妈妈，又称客至，岭南称西神。儿痘，则取净盘，设井华水一碗，每日铛饭瓻饼以供祷焉。及经痘终，盛其纸幡、柸马、捆载亨神之物以饯之，名曰拜送。

---

① 《湖广志书》大冶县条，（清）陈梦雷编《古今图书集成》17部《历象汇编·岁供典·仲夏部·仲夏部汇考》第49卷，鼎文书局，1977，第3册，第508页。

② 姜守诚：《"送穷"考》，《成大历史学报》2011年第6期（第40号），第193～198页。

其始疫时多拘忌,一切事为立寝阁。如或痘儿有他疾痛,以为神祟,或有灵验。俗传老峰闵相公为司痘之神,其说忱惚。且儿将患痘时,其爷嚷梦见贵人临家,则儿必发痘云。①

李圭景在此细致描述人们对痘疫的敬畏感,且有神格化倾向。他还持批评的观点来检讨其渊源,先追溯历代记录,然后详细说明痘神在民间如何被神格化。其实,有关痘神的记录一直都有,但李圭景对痘神的渊源与用例的记录较完整。在韩国岭南地区,痘神被称为"西神",痘疫结束后,人们会准备一些特定物品举行饯送痘神的仪礼。为了饯送痘神,要准备纸幡、柶马装载享神之物。柶马,亦称蒭马。饯送痘神的方式,各地区不同,内地要用"马"饯送,岛屿地区将茅草编的船装好盘缠与干粮后,放在海上,饯送痘神。因为岛屿地区的人认为痘神是从中国的江南国乘船到朝鲜来的,所以需要通过这样的方式饯送痘神。这些习俗与中国的"送穷"习俗、痘神饯送方式很相似。

韩国历代文献中,系统论述痘神的文章当推李能和的《朝鲜巫俗考》。李能和专门设置了"痘神"条,仔细又有条理地讲述了自己的见解。

李能和曰:"我朝鲜之有天然痘,考其始原,则大约距今四百余年前,自支那方面,传染而来,不知其千万人命为其牺牲。朝鲜旧无人口死生统计之法规,故因痘病死者无从可稽。……盖此痘疫,综合诸说,其痘源之皆以马援征交趾时,其军队传染此病,仍为流布于支那本部,而又自支那,传染朝鲜也。……盖始染天痘,自始痛至发般,起疮贯脓,收痘,落痂计各三日,须十余日,方得出场。天痘之行,俗甚恐怖,以为有神,供奉祈祝,无所不至。儿痘发生之日,即造纸旗,书曰:'江南户口别星使命旗',悬于门肩之上,待落痂毕,招巫送神。其云江南者,盖巫语谓支那曰江南,则此谓痘神,自支那以来也。其云户口者,谓痘神逐户逐口,不遗一人,进行染痘也。其云别星者,谓带使命之特别客星也。……别星之义见于《牧民心书》,茶山笔谈曰:御

---

① 〔韩〕李圭景:《痘疫有神辩证说》,古典刊行会编《五洲衍文长笺散稿》卷57《人事篇·人事类·疾病》,首尔:东国文化社,1959,第77页。

路之脊，铺以黄土，未详其所始。或云象太阳黄道，未知然否。奉命使臣，入郡县，另以黄土一番，泻于两旁，亦自五里亭抵官舍而已。巫送痘鬼，亦用此法，以其名别星也云云者是也。……其曰使命者，谓痘神司理人之生命也。其送神之仪，用马及马夫，以备神乘，其他仪仗，一如官燥出行之时，无马则代以蒭马。巫为倡夫之歌，则观者如堵，争投金钱以偿之。贫绅寒士之家，多不用巫而作祭文以送神。详见下诸记录，可知我俗畏痘之事也。"①

李能和具体讲述了痘疫的渊源、神格化过程以及户口神的性格，这些内容有助于理解户口神的定义与历史。举招巫送神的用例，是从民间信仰的角度来讲述天花的面貌。他还提到痘疫通常需要历经十余日，这与巫歌中口传的内容相吻合，可以证明其分析相当正确。由"贫绅寒士之家，多不用巫而作祭文以送神"之句可知，朝鲜文人中有关"送痘神"的创作已经颇为普遍。无论家庭贫寒与否，若家中发生痘疫，就要举行痘神饯送仪礼，并写《送痘神文》向痘神表示谢意。朝鲜时期，统治理念以性理学为根基，禁止"怪力乱神"，还要废除阴祀，可痘神信仰依然盛行。无论在士大夫群体中或民间，痘神信仰广泛流传并被接受，对痘神的神格化渐渐地演变成一种习俗，于是有关痘疫的民俗也变得多彩多样。比如，一般家庭如有人患上痘疮，需每天准备洁净的盘子与一碗净化水，煮饭、蒸糕后，双手合十祈愿；治好病后，用稻草与竹子制作草马（蒭马），将装食物与盘缠的草包载于其上，饯送痘神，这一过程被称作"拜送"。有些地区，人们为了预防痘神的来临，家家户户制作糕饼，双手合十祈愿，或者模仿拜送天花的咒术仪礼等；② 另一些

---

① 〔韩〕李能和：《朝鲜巫俗考》，李再坤译，首尔：东文选，1991，第232~238页。
② 患上痘疮，经过13日，患者之家就实行饯送痘神的巫术，此巫术称为拜送巫术。拜送的原意是祭拜饯送痘神，后其意逐渐变成民俗上的专用名词。拜送巫术必须在有患者的家中进行，其家大约在仪式前的1~2天邀请巫师，按照她的指示为巫术做准备。一般用稻草或蒭草制作草马（蒭马）饯送痘神，其马夫则用男性来负责。将饭、糕饼、盘缠、水果等祭物分成三个草包后载于称作上马的草马上，还要准备青、红、黄三色旗子与红色阳伞装饰现场。仪式自第12日晚上开始，第13日早上结束，巫术的祭祀过程主要由"上马祭""瘟门祭""胡鬼祭"构成。上马祭是马夫按照巫师的命令带着拜送马出门，到远方把它挂在树枝上的巫术。瘟门祭是将监禁于缸中的瘟门（以前因痘疮而死的灵魂）释放出来，并将提前准备好的红豆粥扔掉的巫术。最后，胡鬼祭是念胡鬼的渊源及其旅程《胡鬼路程记》的巫术。参见〔韩〕金玉珠《朝鲜末期痘疮的流行与民间的对应》，第47页。

地区则为别神举行丰盛的祭祀。现在由江原道束草至釜山东莱的东海沿海地区、忠清南道扶余郡的恩山、庆尚北道安东的河回等地，仍保持着别神祭的传统。东海沿海地区的别神祭亦称别神巫术、别客巫术，近来多称为丰鱼祭。①

据《朝鲜王朝实录》，有关痘疮的记录自太宗时期至朝鲜末代君王纯宗时期均有出现。据肃宗至正祖时期（17～18世纪）《朝鲜王朝实录》的记录，意为传染病的疠疫、疠疾、痘疫、痘疮等词语出现次数多达236次，其害甚大。肃宗是其中第一位患上痘疮的君王，《承政院日记》中详细记录了其发病与治疗过程。由此可见，彼时包括痘疫在内的传染病的威胁遍及整个朝鲜。②此外，17世纪末，肃宗患上痘疮，在民间流传宫中邀请巫师做拜送巫术的传闻，而且在世子患上痘疮时为他祈愿治愈，制作糕点做巫术献给痘神。

其实，明清两代也有送痘神之礼。明清士人大都持天花是先天之毒的观点，但也有士人以为源于鬼怪。据清代破额山人《夜航船》中的记载，松江地区的痘疫乃痘妖所致。痘妖化为老人的形象，潜入小孩房内，对小孩床帐内吸取精气，是痘疫经季武孝廉制服后始安宁。③另外，从《古今图书集成》中搜集的资料来看，供奉痘神的庙宇大都位于山西、河南、陕西、江苏、湖北、湖南一片。④但文人有关"送痘神"的作品却很少，只有储大文与曾国藩所作的两篇而已。

据《曾国藩日记》，同治六年（1867）三月十六日，其次子曾纪鸿患上天花，至四月初八几乎痊愈，曾氏遂大张旗鼓举行送痘神之礼。⑤仪式在当

---

① 〔韩〕郑庄顺：《韩国古典叙事文学中呈现出的"痘神"之形象及神的性格》，第56页。

② 〔韩〕高大元、金东律、金泰佑、车雄硕：《在〈承政院日记〉中，关于肃宗的痘疮医案研究》，《韩国医师学会志》第25卷第1号，2012，第44～47页。

③ 如（清）破额山人《夜航船》卷五《驱痘妖》："某年松江痘症大发，自春至秋，无一得全者，郡城内外，小儿为之一空，棺木卖罄，以大改小，作两三具卖之……季武孝廉纠纠多胆力，乃拔剑坐小儿之旁，昼夜伺之，至第三夕，月色甚明，忽见屋簷下一老人，青袍幅巾，眼如绿豆，自上而下，对小儿床帐内，仅力吸气，孝廉将擒之……明晨视之，见巾服蜕蛻一具，自顶迄踵，皆小儿痘痂，蒙密无余隙，众恶其状，以雄黄檀降香屑等药熏之，付诸丙丁，一方痘症得安宁焉。"（参见《笔记小说大观》，新兴书局，1978，第2编第1册，第438～439页）。

④ 王嘉斌：《清代关于天花之民间认知与治疗》，第104页。

⑤ 易孟醇编《曾国藩全集·日记三》，岳麓书社，1994，第1362～1370页。

地痘神庙举行，并依据金陵风俗，许诺以两千两百银修痘神庙，保佑城内男女永无天花带来的祸患。① 相关内容如下：

> 是日，礼送痘神。余作祭文一首，四言三十二句，令叶亭缮写。辰初读文，行四拜礼。金陵之俗，送痘神娘娘者纸扎状元坊一座，扎彩亭三座，又扎纸伞、纸旗之类，亲友亦以伞旗及爆竹送礼。是日，走纸伞者三十余把，爆竹十余万，辰正礼送出门。余许以二千金修痘神庙，保金陵城内男女永无痘灾，亦于祝文中详言之。②

由此可知，仪式过程大概可分为祭文、行礼、送礼、许诺四个环节。祭祀等礼仪活动，不只有宗教色彩，还渗透着对现实功利的考虑。当时，痘神在金陵民间有广泛信仰。为了治儿子的病，曾国藩以总督身份按当地习俗，向痘神祈求，写祭文，大张旗鼓举行送痘神之礼，且为百姓祈求免灾。要之，曾国藩作为个人，其行为想要得到别人的认同，另一方面作为官员，也可借机收揽民心，缓和官民关系。同时，这一行为也反映了儒者文人对民间宗教习俗的双重态度。

四 朝鲜文人所创作的《送痘神文》中，呈现出《送穷文》的变形——以祭文形式创作为中心

再回到韩愈的文章，朝鲜文人特别推崇韩愈的"祭文"，因为其祭文具有抒情性、实际性，即显其"法古创新"主张的同时，又符合祭文本身的功用。于是，朝鲜文人认为韩愈的文章是祭神文（哀祭文）创作的最佳典范。

对文人士大夫而言，祭祀的公式性与规范性是与生活不可分离的。祭神文的创作属于公文写作的范畴，特别是因为不可随便创作，又不可随便献上祭神文的原则，其间产生了大量以"送痘神"为题材的作品。与饯送痘神

---

① 范广欣：《曾国藩"礼学经世"说的宗教仪式渊源——以送痘神与求雨求晴为例》，《学术月刊》2010 年第 1 期，第 130～132 页。

② 易孟醇编《曾国藩全集·日记三》，第 1370 页。

有关的作品，约有十余篇，题目为《送痘神文》的作品较多。现按照创作时期排列其目录如下。①

表 1　朝鲜后期"送痘神"题材系列作品目录

世纪	作者与作品
17 世纪	赵正万(1656～1739)《迎送痘神》 孙命来(1664～1722)《送痘神文》 姜必慎(1687～1756)《送痘神辞》
18 世纪	李采(1745～1794)《送痘神文》 柳得恭(1748～1807)《送痘神词》 正祖(1752～1800)《送痘神文》 李书九(1754～1825)《送痘神文》 张混(1759～1828)《送痘神文》 成海应(1760～1839)《送痘神文》 尹行恁(1762～1801)《送痘神序》 朴允默(1771～1849)《送痘神诗》 金迈淳(1776～1840)《送痘神文》
19 世纪	赵秉宪(1791～1849)《送痘神文》 申佐模(1799～1877)《送痘神文》

由此可见，《送痘神文》多出现于朝鲜朝后期，而且文集的编次上也多将它归属于祭文。② 如此流行《送痘神文》形式的文章，反映了当时痘疫的传播大大影响到朝鲜民众实际生活的时代状况。就祭文的历史而言，最初祭文只以公式的形式创作于严肃的祭仪现场，可至朝鲜朝后期，随着祭文的普及，文人借祭神文坦率又积极地表现出他们对病疫的个人感情，其文学功能渐渐强化，使用范围也慢慢扩大了。

痘之有神，礼书所不载，儒家所不言，余不得而知之也。然林林之众，无有贵贱，一经此关，始得为人。脆者以坚，弱者以强，如五行之

---

① 此表是在韩国古典文学数据库（http：//db. itkc. or. kr）中将关键词设定为"送痘神"进行搜索后所得的结果。

② 除了直接编次为"诗""序"之体的作品以外，一般都将《送痘神文》归属于祭文或杂著（包括文、杂著）。如祭文类有李书九、金祖淳、赵秉宪、金迈淳、李采；杂著类有正祖、张浑、成海应、申佐模、孙命来、姜必慎。

生非克，不成其有功，于生民甚大。又其好洁而恶秽，喜静而忌嚣，往往发见光景，肃然动人，殆若有物宰乎其间，则世俗之颙荐虔奉，久矣。余又安知其必无也。余闻上世无痘，兴自中古其源，盖不可考。而六籍即无其字，本科古方有扁鹊所命，其周之末秦汉之前乎。……夫即总司九州寿夭而卒，乃归重于幼艾，则痘而有神，庶可以当之。未知原之意，果如此否乎。家有小女儿，生才六月，蒙神之惠，即抚而寿之矣，旬有三日，功成行满。爰有酒食，以赛以饯而为之言如右，其事则因乎俗，其义则欲引而进之于礼也。神而在者，尚明听之。①

此文是金迈淳的《送痘神文》。他在文章开头说"痘之有神，礼书所不载，儒家所不言，余不得而知之也。"但其小女儿患上痘疫第 13 日便治愈，金氏乐而作此文，最后以"其事则因乎俗，其义则欲引而进之于礼也"之句结尾。文中有"爰有酒食，以赛以饯而为之言如右"之句，可知这是他招巫师做拜送巫术后所作。他表示在世俗很虔诚地供奉痘神已久，自己的女儿蒙痘神之惠能恢复。他还说"又其好洁而恶秽，喜静而忌嚣，往往发见光景，肃然动人，殆若有物宰乎其间"，认定了痘神的存在。由"然林林之众，无有贵贱，一经此关，始得为人"之句，可知当时民众以为患痘疫是无论谁都要经历的难关，过完此关，才能成为一个完人，于是向痘神表示感谢，虔诚供奉，作拜送仪式。② 值得注意的是，金氏作为士大夫，将痘疫直接称"痘之有神"，还说"欲引而进之于礼也"，肯定了痘神的存在。由此可见，至少在 17 世纪前后，因为痘疫来势迅猛、危害巨大，痘神信仰已经渗透到朝鲜士大夫之间，被接受的程度亦较之前提高。因此，

---

① 金迈淳：《送痘神文》，民族文化推进会编辑部编《韩国文集丛刊·台山集》卷 12，首尔：民族文化推进会，2002，第 294 册，第 508 页。

② 根据朝鲜后期学者李晚焘（1842～1910）的《陋室李公墓碣铭》中"以未痘常进山谷，而潜修默究之工，于辛苦中得来者为多"之句可知，以前如果尚未经过痘疫，为避免得病传染给周围人，患者要隐居生活，躲避他人，而且不能结婚，连亲戚们也不认定他为完人、成年人。还有，朝鲜后期文臣李采的《送痘神文》中有言："惟痘则必于幼孩之时而经焉，然后顺者多，不顺者少。又必一经而不再焉，故人无敢图避，而其或倖免焉者，盖千百之一耳。然其免焉者非幸也，终其身不以完人自处。"由此可见，当时朝鲜文人都以为痘疫是作为人必须要经历的"通过仪礼"之一，历经痘疫才成为完人。参见〔韩〕郑仁淑《〈西神饯送歌〉中呈现出的痘神饯送仪礼及其意味》，《韩国诗歌研究》第 38 辑，2015，第 330 页。

在朝鲜文人作品中自然出现对痘神信仰表示反感，但与此同时，亦相信痘神的存在而要虔诚供奉的矛盾心理。

朝鲜后期文人朴允默的《送痘神诗》中，有"痘神固有之，吾闻诸故老。事神而敬神，人当尽其道。……妖巫不须招，老婢可虔祷"之句，[①] 他认定痘神的存在，要饯送痘神，而不招巫师。这一点比较独特。要虔诚地举行饯送仪式，但不招巫师在家中做巫术，这是士大夫自尊的表现。这与金迈淳《送痘神文》中所说的"爰有酒食，以赛以饯而为之言如右，其事则因乎俗，其义则欲引而进之于礼也"，正好是相反的态度。

下文是尹行恁的《送痘神序》。

> 或曰，痘有神，痘已则送神也。余曰，否否，痘病也，曷其有神，即不迎之来矣，又何送为。或曰，痘发三日而如粟颗，越三日，胀如明珠，越三日而脓，又越三日而消。始痘也，设卓以祷之，且一经而不再焉，非神曷其然乎？余曰，诚如或者矣。固有神也。吾不知神何代之人，何朝之官，何乡何氏，曷其称乎，神其依痘而行也，称痘神而送之可乎。于是缚草为马，裹纸为旗，戒门者辟尘于道，明烛设帐而送之门之左。[②]

起初，作者不太相信痘神的存在，当听闻患上痘疫历 3 日而好转，至第 12 日可痊愈后，才认定其存在。接着尹氏讲述了饯送痘神的过程，其中"缚草为马，裹纸为旗"，与《送穷文》的"结柳作车""缚草为船"相似，即制作草马与纸旗，为仪式准备。

总之，朝鲜后期所出现的《送痘神文》的形态，是当时朝鲜盛行痘疫的情况下士大夫持有不能近于怪力乱神的儒者信念与对民间信仰和生活习惯的接受，两者角力的结果。

---

① 民族文化推进会编辑部编《韩国文集丛刊·存斋集》卷2，首尔：民族文化推进会，2002，第 292 册，第 26 页。
② 民族文化推进会编辑部编《韩国文集丛刊·硕斋稿》卷 11，首尔：民族文化推进会，2002，第 287 册，第 188 页。

五 结论

韩愈《送穷文》不仅是一篇文学经典作品，还蕴含了中国传统的文化习俗。笔者先从"送穷"的名称及其文化渊源入手考察其悠久的历史，继而发现"送穷"仪式的流传因地域文化、环境的变化而演变发展，并确认现在一些地方还保持着其习俗原型。"送穷"的"穷"不只是指贫穷，也是指"疫病（痘疫）"。

与此同时，笔者亦发现朝鲜的送痘神仪式与中国的送穷仪式相当类似，其流传演变上也有相同之处。这跟韩愈《送穷文》的文学成就与文化内涵自然结合，引起朝鲜文人的共鸣，出现很多模仿之作。这可以作为寻找中韩两国古代文化交流及影响的一条线索。

总之，可以谨慎地推测，朝鲜文人因为文化习俗上的相似性，更容易接受韩愈的《送穷文》。而且，朝鲜朝后期痘疮肆虐一时，一些文人应对现实而作《送痘神文》。从这些《送痘神文》作品可知，当时朝鲜痘疫盛行；而身为儒者的文人士大夫如何面对痘疫，亦可体现出他们有意借祭文形式来表现保持自我意识，但又不得不接受现实的复杂心理。

"Cast out Poverty" and "Cast out the God of Smallpox": A Brief Comparison of Folk Customs in China and Korea
—Take Hanyu's "SongQiongWen" and Korean Literati's "SongDuShinMun" as Examples

Kim Mira

Abstract Korea and China have a long and complicated history, with a plethora of examples of cultural exchange resulting in many similarities. Among these, the overlapping folklore of the two countries provides a window on this cultural dialogue, as can be seen in the ceremonies to "Cast out Poverty" and "Cast out the God of Smallpox" in China and Korea respectively. In the late Chosun dynasty, smallpox was rife, encouraging members of the literati to intentionally transform "Cast out Poverty" ("Song qiong wen", 《送穷文》) a text written by Han Yu in the Tang dynasty, into "Cast out the God of Smallpox" ("Song du shin mun" 《送痘神文》), . Examining the cultural imagery and discourse found in these two sources and their contexts, this article explores the process by which cultural similarity is transformed into literary creation.

Keywords "Song Qiong Wen"; "Song Du Shin Mun"; Ceremony for "Casting out Poverty"; Ceremony for "Casting out the God of Smallpox"

东亚通交中的译语人考述*

合

陈建红　苗　威

【内容提要】译语人是东亚通交中不可或缺的中介群体。由于汉文化圈中官修史书的局限,译语人史事零星散布于史籍之中,其称谓繁杂,职责多元。他们来自不同部族,职司翻译、使者、向导等诸多角色。中原王朝对自身和周边诸政权所需要译语人的教育与培养贯穿于历史发展的整个过程,且不断完善。这一群体活跃于东亚通交的每一个环节,贯穿于东亚历史发展之始终,不仅搭建了东亚区域交流的桥梁,同时促进了东亚区域的理解与融合,是古代东亚区域一体的重要元素。

【关键词】译语人　四夷　东亚

【作者简介】陈建红,东北师范大学历史文化学院博士生;苗威,山东大学东北亚学院教授,博士生导师。

在东亚的政治生态中,和谐和平的交往与交流远比暴力残酷的武力征伐与威慑更为常态。中原王朝在天下秩序的构建中,时常通过派遣使臣进行"招抚"的方式达到靖边抚远的目的。周边部族为保障自身安全,获得必要的政治经济利益和文化滋养,也会积极地派遣使者前往中原王朝朝觐纳贡。这种交往的过程在史书中往往以"遣使册封"或某国"来贡"等简要记录一语带过,给人一种双方交往频繁、沟通无碍的错觉。事实上,古代交通相

---

* 本文为国家社会科学基金专项"中国与朝鲜——韩国古史体系研究"(项目号:17VGB005)的阶段性成果。

对封闭，持共同语言的区域远没有现代广阔。在东亚地区，周边部族和四夷番邦日常使用的多是土著语言，彼此之间并不能实现毫无障碍的沟通。无论是东亚地区间的官方使节完成出使任务，还是民间各种商贸、文化等非官方领域的交流与合作，都需要译语人的协助与沟通。目前，学界关于译语人的研究多集中在语言学领域，① 按年代划分，以明清时期为多。② 在历史研究领域，一部分学者利用一手资料对译语人的个案、族群、在特定历史时期的作用进行了探讨；③ 还有一部分学者对特定地区内的译语人进行了研究；④ 更多学者则是在东亚交流史的研究中简要论及译语人的相关问题。⑤ 本文在前人研究的基础上，对东亚译语人的教育、职司以及异称等相关问题进行探讨，勾勒出译语人教育成长、日常履职的基本轮廓，为学界了解东亚的古代通交实况提供一个思考的角度。

一　译语称谓的缘起与演变

所谓译语人，主要是指在跨语言地区通交过程中担任翻译及相关职司的人。这一群体既有官吏也有平民。与之相关的记载最早见于《礼记·王制

---

① 这类研究成果较多，如刘迎胜《宋元至清初我国外国语教学史研究》，《江海学刊》1998 年第 3 期；马祖毅《中国翻译简史——"五四"以前部分》，中国对外翻译出版公司，2004；等等。

② 乌云高娃：《明四夷馆"女真馆"和朝鲜司译院"女真语学"》，《中国史研究》2005 年第 1 期，第 127～133 页；任萍：《记我国最早的翻译学校——明四夷馆考察》，《上海翻译》2007 年第 2 期，第 53～56 页。胡振华：《珍贵的回族文献〈回回馆译语〉》，《中央民族大学学报》（哲学社会科学版）1995 年第 2 期，第 87～91 页；任萍：《明四夷馆中日本馆译语编撰考》，《日本学论坛》2007 年第 2 期，第 73～76 页；刘红军、孙伯君：《存世"华夷译语"及其研究》，《民族研究》2008 年第 2 期，第 47～55 页。

③ 李锦绣：《唐代的翻书译语直官：从史诃耽墓志谈起》，《晋阳学刊》2016 年第 5 期，第 35～57 页。李宗勋、陈建红：《试论新罗译语的来源及其特点》，《延边大学学报》（社会科学版）2009 年第 1 期，第 69～73 页；赵贞：《唐代对外交往中的译官》，《南都学坛》2005 年第 6 期，第 29～33 页；李忠辉：《汉至清代朝鲜语译员的设置及活动研究》，《东疆学刊》2017 年第 2 期，第 8～13 页。

④ 李方：《唐西州的译语人》，《文物》1994 年第 2 期，第 45～51 页；韩香：《唐代长安译语人》，《史学月刊》2003 年第 1 期，第 28～31 页；朱丽娜：《唐代丝绸之路上的译语人》，《民族史研究》2015 年第 12 辑，第 212～228 页。

⑤ 谢海平：《唐代留华外国人生活考述》，台湾商务印书馆，1977；李宗勋、陈建红：《圆仁的〈入唐求法巡礼行记〉与九世纪东亚海上通交》，《东疆学刊》2008 年第 2 期，第 53～61 页。

篇》："五方之民，言语不通，嗜欲不同，达其志，通其欲，东方曰寄，南方曰象，西方曰狄鞮，北方曰译。"王文锦认为，"寄"、"象"、"狄鞮"和"译"是四夷方言对译语人的不同称呼，"东方称之为寄，南方称之为象，西方称之为狄鞮，北方称之为译"。① 宋高僧赞宁则认为"象"、"寄"、"狄鞮"和"译"为氏族部落所承袭的官职，"是故《周礼》有象胥氏通六蛮语，狄主七戎，寄司九夷，译知八狄"。② 今本《周礼》将"掌蛮夷、闽貉、戎狄之国使，掌传王之言而谕说焉"的译语机构称为"象胥"，其具体职能及人员配置均有详细规定。关于"东方曰寄"，《礼记·王制篇》有另外一处记载，其曰："小胥、大胥、小乐正简不帅教者……屏之远方，西方曰棘，东方曰寄，终身不齿。"③ 可见，"寄"当是有具体所指的东方某地，而"棘"与"狄鞮"切韵相同，似乎可以理解为转音，是指西方某地。由此，赞宁所言殊为可信。掌四方夷狄翻译接待之官各有其称，周为世官制，特定部族承袭特定官职亦是常态，因此，"寄"、"象"、"狄鞮"和"译"的最初之意可能是掌四方翻译的四个归附部落，其后逐渐演绎成四夷方言对译语人的称谓。

关于古书所言译语人的四种称谓后来为何仅存"译"字，赞宁认为主要有两种可能：一是自汉以来北方多事，翻译人员使用频繁，是以"译语官"成为沟通异域官员的代称；二则可能是周秦使者已经掌握东、西、南三个方位的地方语言，无须翻译即可与之沟通，由是"寄""象""狄鞮"不复使用。④ 这种认识颇有见地。自秦汉之匈奴以至后世，中原政权的北部边疆鲜有安宁，译语人的使用自是频繁；秦汉疆域东、南皆至海，西南、西北疆域多有拓展，先秦之异域伴随疆域的拓展已成国土，"寄""象""狄鞮"所司之语已为方言。由此，"译"则由专指通传北方各地语言的部落转变为一般性指代称谓。

---

① 王文锦：《礼记译解》上册，中华书局，2001，第176～177页。
② （宋）赞宁：《宋高僧传》，中华书局，1987，第52页。
③ 王文锦：《礼记译解》上册，第176～177页。
④ 赞宁指出："今四方之官，唯译语官显著者何也？疑汉以来多事北方，故译名烂熟矣。又如周秦辖轩使者，奏籍通别国方言，令君王不出户庭坐知绝遐异俗之语也。若然者，象胥知其远也，方言知其近也。大约不过察异俗、达远情者矣。"参见（宋）赞宁《宋高僧传》，第52页。

二 译语官的教育

身份认同是人类社会属性的重要表现之一，通常包含族群血缘认同、地域认同以及文化认同三层含义。在中华文化圈的夷夏之辨中，文化认同往往高于族群血缘认同和地域认同，是身份认同的最核心的部分。换言之，来自异域的个体人或族群在完全接受中原文化和社会行为准则之后，也会被中原族群所接受，其原有的血缘和地域差异不再成为绝对桎梏，这也是中华民族不断凝聚壮大的原因所在。针对中原政权所接受的译语人的培养并非单纯的语言技能培训，关键在于使其实现对中华文化的认同。从这一意义上来看，东亚译语人的养成过程，实质上就是文化认同和身份重构的过程。

这一过程，以在衙署中工作的译语官表现得最为典型，即个体的"藩客"、"夷人"或"胡人"通过教育、培训或是侨居、婚姻等其他途径，掌握汉字、汉语，接受中华文化，实现文化认同，进而在中原政权任职，实现由蕃胡蛮夷到朝廷官吏的身份转换。这种官吏在各级官署机构中占员并不多，因而其所承担的往往是与翻译有关的各种事务，如接待使者、勘验文书、充当向导甚至刺探情报等，这就要求译语官不仅要熟悉语言翻译，还必须掌握各类文书的行文格式，熟悉官方礼仪和办事程序，甚至知晓各地民俗风情、山川地理等。在多重要求下，译语官的养成必须经过一套复杂的教育系统和一个层层筛选的选拔机制。当然，这一养成过程对译语官自身而言无疑也是一个艰难而又漫长的过程。

关于译语官的官方教育与管理的具体规定，最早见于《周礼·秋官·大行人》："七岁属象胥，谕言语，协辞命。"郑玄注云："七岁省而召其象胥，……皆聚于天子之宫，教习之也。"孙诒让释曰："此谓行人召侯国之象胥、瞽史来至王国，则于王宫内为次舍，聚而教习言语、辞命、书名、声音之等也。"[1] 由此可以看出三个方面的问题。

一是译语官一般来源于番邦或者是侯国，为异域之人。事实上，就目前的史料来看，后世汉唐的译语官，无论吏属中央还是地方，以异域归化者居多。比如西汉张骞出使西域，随行译语甘夫为匈奴人；唐代中书省的译语官

---

[1] （清）孙诒让：《周礼正义》，中华书局，1987，第2982~2984页。

史诃耽乃昭武九姓的史国人；① 唐代在长安②、西北边疆③和东南沿海④活跃的译语官也多来自异域。

二是官方会统一组织译语官的培养。译语官培养是双向的，既包含对本国外交机构所需翻译人才的培养，也包含对番邦四夷所需要的外交人才的培养，这就给译语官的教育培训提出了更为复杂的要求。"聚而教习"，在时间上有定制，即"七岁属象胥"；在内容上不仅仅是单纯的教授语言，而是有一套系统的教育内容，即所谓"言语、辞命、书名、声音之等也"。尽管《周礼》对于译语官教育内容的记载语焉不详，但《国语·楚语·申叔时论傅太子之道》可以做补充："庄王使士亹傅太子箴，对曰：'……蛮夷戎狄，其不宾也久矣，中国所不能用也。'王卒使傅之。问于申叔时，叔时曰：'教之《春秋》，而为之耸善而抑恶焉，以戒劝其心；教之《世》，而为之昭明德而废幽昏焉，以休惧其动；教之《诗》，而为之导广显德，以耀明其志；教之《礼》，使知上下之则；教之《乐》，以疏其秽而镇其浮；教之《令》，使访物官；教之《语》，使明其德，而知先王之务用明德于民也；教之《故志》，使知废兴而戒惧焉；教之《训典》，使知族类，行比义焉……'"⑤ "楚为蛮夷"是两周时期中原诸侯一致的看法，⑥ 楚人自己亦如是说。⑦ 因此，申叔时对于楚太子箴教育内容的建言，可以从侧面反映蛮夷教育的内容。由此可以推知，译官教育的内容可能包括中原正统历史、帝王世系、官方礼仪、雅乐、官方规范用语、典章制度、法度律令等诸多方面。这是基于中原正统文化认同的系统的教育过程。

三是译官教育有着严格的考核制度。译官作为中原官吏，行为、言语皆代表的是中原政权的王命，同时还负有向"化外蛮夷"宣教中原礼仪文明的职责。因此，深刻理解中原文化、礼仪的内涵，准确把握中原政权的政治

---

① 李锦绣：《唐代的翻书译语直官：从史诃耽墓志谈起》，第 35 页。

② 韩香：《唐代长安译语人》，第 29 页。

③ 李方：《唐西州的译语人》，第 45 页。

④ 李宗勋、陈建红：《试论新罗译语的来源及其特点》，第 69 页。

⑤ 《国语·楚语上》，上海古籍出版社，2015，第 349 页。

⑥ 何明新：《楚为"蛮夷考"》，《重庆师院学报》（社会科学版）1995 年第 3 期，第 25 ~ 30 页。

⑦ 《史记·楚世家》有两处楚王自称蛮夷的记载，其一，"熊渠曰：'我蛮夷也，不与中国之号谥'"；其二，"三十五年楚伐随。随曰：'我无罪。'，楚曰：'我蛮夷也……'"。

利益，是其所必须具备的核心职业素养。因此，为保证译官忠诚履职，周代对于译语官教育的考核十分严格，据《礼记·王制篇》记载："小胥、大胥、小乐正简不帅教者……屏之远方，西方曰棘，东方曰寄，终身不齿。"由此可见，译语学员若不努力学习，未达到考核标准，处罚相当严厉：直接流放边地，且终身不得录用为官。

自秦至宋，译官在何处培养鲜有专史记载，但各代均设有诸如典客属、鸿胪寺、四夷馆等专门的外事机构，① 一般情况下，这些机构除承担翻译、接待任务之外，也会承接一定的译语官的培养任务；各代官学之中多有招收留学生的记载，如"复为功臣子孙、四姓末属别立校舍，搜选高能以受其业，自期门羽林之士，悉令通《孝经》章句，匈奴亦遣子入学"。② 唐代，新罗、日本等国皆曾经派遣留学生、学问僧入华，部分表现优异者可授予官职，令其出使本国，或充任本国使臣再度来华，如北宋太平兴国元年（976）"（王）伷遣国人金行成就学于国子监……其年（太平兴国二年，977）行成擢进士第……雍熙三年（986）十月，遣使朝贡，又遣本国学生崔罕、王彬诣国子监肄业"。③ 这些留学生中的表现优异者应该也是译语官的重要来源。

元明清时中央官学译语官教育再度见诸史料。元代为了保持与西域三大汗国的联系，设置回回国子学以教授亦思替非文字（阿拉伯语），据《元选举志》载：

> 世祖至元二十六年夏五月，尚书省臣言："亦思替非文字宜施于用，今翰林院益福的哈鲁丁能通其字学，乞授以学士之职，凡公卿大夫与夫富民之子，皆依汉人入学之制，日肄习之。"帝可其奏。是岁八月，始置回回国子学。至仁宗延祐元年年四月，复置回回国子监，设监官。以其文字便于关防，取会数目，令依旧制笃意领教。泰定二年春闰

---

① 历代外交机构称谓多有变革，商称"史"，周为大、小行人，秦及汉初为典客，至汉武帝时改成大鸿胪，后世多用此称。亦有部分朝代改称或增添附属机构，如曹魏称典客，辽金称客省，元代设侍仪司、会同官、廪给司三部门负责外交，清代则在鸿胪寺的基础上增设会同馆、理藩院。

② 《后汉书》卷79《儒林列传上》，中华书局，1965，第2546页。

③ 《宋史》卷487《高丽列传》，中华书局，1977，第14037～14039页。

正月，以近岁公卿大夫子弟与夫凡民之子入学者众。其学官及生员五十余人。已给饮膳者二十七人外，助教一人、生员二十四人廪膳，并令给之。学之建置在于国都，凡百司庶府所设译史，皆从本学取以充焉。①

通过这段记载可以看出，虽仅用于教授阿拉伯语，但其作为国子学的各项规章制度却是相对完备的，有人甚至称之为最早的外交学院。② 首先，其教师选自翰林院出身的亦福的哈鲁丁，授其翰林院学士之职，并在经济待遇上给予其充分的保障；其次，在学生选择上，以"公卿大夫富民子弟"为主，并对部分学生提供必要的生活保障；此外在教学管理上，"皆依汉人入学之制，日肆习之"，即采用全日制脱产学习的学校教育制度；最后，学生毕业之后，择优为官府录用，即"凡百司庶府所设译史，皆从本学取以充焉"。

明朝译语官的学校教育制度进一步完善。永乐五年（1407）于翰林院下设四夷馆③，规模较大，涉及语言门类也较为齐全。永乐五年初设蒙古、女直、西藩（藏语）、西天（印度语）、回回（波斯语）、百夷（傣语）、高昌（维吾尔语）、缅甸八馆，正德六年（1511）增设八百馆（清迈方言），万历七年（1579），又增设暹罗馆（泰语），④ 遂增至十馆。同时，明朝在教育制度上更加完备，对教师的遴选、学生的录取、课程的教授都有了相当细致的规定，采取了相对严格的考核制度。⑤ 此时的四夷馆成为东亚语言文字的教育中心，为明中央政府对外交流提供必要的语言支持。

清承明制，据《清史稿》记载：

顺治元年，会同四译馆分设二馆，会同馆隶礼部，以主客司主事满、汉各一人提督之。四译馆隶翰林院，以太常寺汉少卿一人提督之。

---

① 《元史》卷 83《选举志·学校》，中华书局，1976，第 2028～2029 页。
② 娄延常：《我国最早的"外语学院"初探》，《外语界》1982 年第 1 期，第 19～20 页。
③ 学界亦有人认为明代四夷馆是中国历史上最早的官办语言学校，盖因前史考证未细之故，抑或以为明代此类学校方形成完善体制。事实上，自有政权即生外交，有外交即需译语，译语岂会生而知之？周之前译语教育体制不完善，散见于甲骨而失于史书；后世儒家鄙薄杂学，故而史书语焉不详，及至明清，年代即近，史料愈详，因而可见其端倪。
④ 《明史》卷 74《职官志·太常寺附提督四夷馆》，中华书局，1974，第 1796 页；胡秋碧：《明清时期的四夷（译）馆》，厦门大学南洋研究院硕士学位论文，2008，第 13 页。
⑤ 廖大珂、孙巍：《明代四夷馆初探》，《史林》2016 年第 4 期。

分设回回、缅甸、百夷、西番、高昌、西天、八百、暹罗八馆，以译远方朝贡文字。置班序二十人，朝鲜通事官六人。①

从这段史料来看，明清针对译语官的语言教育基本上是一脉相承的，但也出现了几处变化。一是改"四夷馆"为"四译馆"，大概是为了避清入关前偏居东北之讳。二是裁撤女直和鞑靼二馆。此时满语已为官方语言之一，自是不宜再列入外语范畴。满蒙素来亲近，在入关初期二者言语相通者众，故而鞑靼馆也没有存在的必要。后又根据需要增加了朝鲜、日本、安南、占城等馆，所涉语言多达十余种。三是增设会同馆，隶属礼部，细分教育培训与外交接待的具体职能；后因四译馆衰落，二者又再度合并。

三　译语官职司的多元性

由于教育和信息沟通的局限，在古代东亚通交活动中，只有少数使节通晓出使地语言，而大多数使节只识本地区语言。由此，在中枢机构及边境设置专门用于接待异域来宾的机构或译语官就显得非常必要了。尽管先后有别，但东亚诸政权都曾设过译官。中国这一官职在史籍中最早见于《周礼·秋官·象胥》，它详细记录了这一官职的具体职能、职责及官吏配置情况：

象胥：掌蛮、夷、闽、貉、戎、狄之国使，掌传王之言而谕说焉，以和亲之。若以时入宾，则协其礼，与其辞言传之。凡其出入送逆之礼节、币帛、辞令，而宾相之。凡国之大丧，诏相国客之礼仪，而正其位。凡军旅、会同，受国客币，而宾礼之。凡作事，王之大事诸侯，次事卿，次事大夫，次事上士，下事庶子。凡作事：王之大事，诸侯；次事，卿；次事，大夫；次事，（上）士；下事，庶子。象胥：每翟上士一人，中士二人，下士八人，徒二十人。②

---

① 《清史稿》卷114《职官志》，中华书局，1976，第3283~3284页。
② 《十三经注疏》卷38《周礼注疏》，中华书局，1980，第899~900页。

由此可见，象胥就是指"通夷狄之言"、专事翻译四方使者言辞的译语官。从上述文献的记载来看，这一官职的具体职能大概可以分为三个方面。一是"掌蛮、夷、闽、貉、戎、狄之国使"，即负责接待各国朝聘使节，并负责向他们转达周天子的王谕。如果是新登基的国王首次派使者前来朝聘，则要专门安排接待礼仪，并负责将其国书、册表之类的文书及贡品转呈奏报；在天子召见国外使节的过程中，"凡其出入送逆之礼节、币帛、辞令"，这些译语官也要在场，对各种仪式和谕令进行现场翻译。二是在"国之大丧"之时，接待前来吊祭的四夷使者，指导他们参加丧葬的礼仪，引导其站到相应的品秩序列中。三是在国王出征、会盟时，负责按规定的礼仪接待沿途前来进献的使者，并在战争和会盟中履行翻译职能，如刺探情报、审问战俘、进行会盟现场的翻译等。当然，象胥还要根据具体事情需要，按照等级秩序协调与外事相关的内政问题，即"凡作事，王之大事诸侯，次事卿，次事大夫，次事上士，下事庶子。"《周礼》对中国古代后世的职官设置影响甚为深远，后世译语官的设置，也大多因循《周礼》。

汉代是中国古代通交管理机构的确立和奠基时期。这一时期，汉王朝架构了一个从中央到地方的相对完备的职官体系，其在中央分别确立了以九卿之一的大鸿胪、诸曹尚书之一的主客曹为涉外主管的机构，[①] 在这两个机构中都设有译语官之职。《汉书·百官公卿表上》对于汉代译语官的设置及其衙署嬗变做了比较详细的记载：

> 典客，秦官，掌诸归义蛮夷，有丞。景帝中六年更名大行令，武帝太初元年更名大鸿胪。属官有行人、译语官、别火三令丞及郡邸长丞。武帝太初元年更名行人为大行令，初置别火。王莽改大鸿胪曰典乐。初，置郡国邸，属少府，中属中尉，后属大鸿胪。……典属国，秦官，掌蛮夷降者。武帝元狩三年昆邪王降，复增属国，置都尉、丞、侯、千人。属官，九译令。成帝河平元年省并大鸿胪。[②]

根据这段史料的记载可知，汉代因袭秦制，设立了以大鸿胪和典属国为首的

---

① 黎虎：《汉唐外交制度史》，兰州大学出版社，1998，第 49 页。
② 《汉书》卷 19《百官公卿表上》，中华书局，1962，第 730、735 页。

两个独立的外交机构，大鸿胪下设有属官"译语官令、丞"，而与其关系密切的典属国下亦设有属官九译令，译语官令与九译令均为执掌翻译之官，二者性质相同。后来典属国并入大鸿胪，译语官的职责进一步加强。① 关于汉代译语官的具体人物及其活动，《汉书》也多有记载。如《周堪传》曰："周堪字少卿，齐人也……堪译语官令，论于石渠，经为最高，后为太子少傅。"② 可见译语官的来源中有像周堪这样博学的儒士；《董贤传》又云："明年，匈奴单于来朝，宴见，群臣在前。单于怪贤年少，以问译，上令译报曰：'大司马年少，以大贤居位。'单于乃起拜，贺汉得贤臣。"③ 此条史料对译语官的具体活动做了记载，即在外国使节入宫觐见的时候，译语官需陪同前往，并进行入场及觐见的礼仪指导和现场翻译。

四　四夷译语的异称

为了维护各自的利益，保持交往的便利，中原王朝周边诸国也渐次设置了自己的译语官。不同于中原译官，在异域中掌握汉语的译语官往往地位较高。在古代中国及域外汉籍中对译语官称谓的记载较为繁杂，同词异义、同义异称者颇多，见诸史料的有：译使、使译、导译（译导）、贡译、翻译、通译、通事（通事官）、译长、译士、译人、译者、新罗译语、奈罗译语等近二十种之多。单就这些称谓本身分析，可以分为身份称谓和职司称谓两种。身份称谓即以译语官的族属来源以及具体社会身份代称其人，如新罗译语、奈罗译语等，其余多为职司称谓。

译使、使译、导译（译导）、贡译、通译、通事（通事官）、译长、译士、皆是诸夷对译语官的不同称谓。关于遣"译使"入中原的记载最早见于《三国志·田畴传》："北边翕然服其威信，乌丸、鲜卑并各遣译使致贡遗，畴悉抚纳，令不为寇。"④ 这段记载说明了派遣译使的前提和目的，即少数民族以及藩属国因"服其威信"，而主动派遣外交使节来朝贡，进而通过这种外交手段来维护自身安全，同时获得政治、经济、文化利益；中原政

---

① 黎虎：《汉唐外交制度史》，第49页。
② 《汉书》卷88《儒林传·周堪》，第3604页。
③ 《汉书》卷93《佞幸传·董贤》，第3737页。
④ 《三国志》卷11《魏书》，中华书局，1959，第341页。

权则通过这种"抚纳"的外交手段来实现边界安宁，即所谓"令不为寇"是也。

使译，略与译使同，其称见于《后汉书》和《三国志》。《后汉书·和帝纪》载："（永元）六年春正月，永昌徼外夷遣使译献犀牛、大象。"① 这里的"使译"显然指的是来自东南亚一带的"外夷"的译使；《东夷传》云："倭人在带方东南大海之中，依山岛为国邑。旧百余国，汉时有朝见者，今使译所通三十国。"这里的"使译"指的是来自日本的译使；同传又云："魏世匈奴遂衰，更有乌丸、鲜卑，爰及东夷，使译时通，记述随事，岂常也哉。"② 这里的使译则是指来自我国东北地区的少数民族乌丸、鲜卑以及朝鲜半岛等东夷诸族的译使。由这几则史料可知，在后世的解读中，"译"字已经突破了其"北方曰译"的狭义概念，泛指对外交涉中的从事翻译之职的人员，这一称谓的内涵，既包括中国精通少数民族和外国语言的外交使节，也包括外国精通中国语言的外交使节。

此类官员的设置在东亚诸国之中当为不少。他们的主要职责当是起草奏章、诏书、表文等各种文书，并负责官方文书的翻译。贾岛《送于中丞使回纥册立》诗曰："渐通青塚乡山尽，欲达皇情译语初。"③ 其中转达皇帝抚慰藩国回纥的"译语"，以及中丞使所携带的册立回纥国王的诏书当是此类专职从事诏书翻译的笔译语官所翻译的。《三国史记》中记载了弓裔的摩震政权设有"史台"，著者自注曰"掌习清译语"，其中译语应当包括官方文书。而日本旅唐僧人圆仁的《入唐求法巡礼行记》载，会昌二年（842），日本遣唐使"取本国书信"，所得到的"大国书二封"，也是日本的译语官按日本天皇的意思所写的。

译长是西域诸国对于译语官的称谓。该称谓初见于《汉书·西域传》，其文曰："鄯善国，本名楼兰，王治扜泥城，去阳关千六百里，去长安六千一百里。户千五百七十，口万四千一百，胜兵二千九百十二人。辅国侯、却胡侯、鄯善都尉、击车师都尉、左右且渠、击车师君各一人，译长二人。"④ 从这段史料的记载来看，在鄯善国的官职设置中有专职的外交官员，官称为

---

① 《后汉书》卷 4《和帝纪》，第 177 页。
② 《三国志》卷 30《魏书》，第 858 页。
③ 《全唐诗》，岳麓书社，1998，第 508 页。
④ 《汉书》卷 96《西域传·鄯善国》，第 3875 页。

译长。事实上，汉代西域部族政权很多部族都设有译长，且根据自身国力大小，译长数目亦多有差别，大国三四人，小国一二人。《汉书·西域传上》记有诸国译长：龟兹国译长四人，鄯善国、姑墨国、温宿国、尉犁国以及车师前国分别有译长二人，乌垒等小国仅有一名译长。①

关于这些译长的身份，据《汉书·西域传下》载："凡国五十，自译长、城长、君、监、吏、大禄、百长、千长、都尉、且渠、当户、将、相至侯、王，皆佩汉印绶，凡三百七十六人。"② 由此可见，西域各部译长，与其他西域官吏类似，皆由中央王朝任命，并颁发印绶，以示身份之合法。另据《汉书·西域传序》载："武帝时，西域内属，有三十六国。汉为置使者、校尉领护之。"③ 可见译长之职大概是在汉武帝之后方有，在具体职司上则主要与汉使联络沟通。译长一称唐朝仍有沿用，《新唐书·裴矩传》载："译长纵蛮夷与民贸易，在所令邀饮食，相娱乐。"④ 可见，此时译长仍是边境贸易的活跃人物。综上可知，译长是古代藩国之中主持传译与奉使的译语官，至少在汉代，这类官员是受中原王朝册封的，后世是只沿袭其称谓；培训考核之后，令其赴蕃任职，尚需进一步考证。

在东亚文化圈中与中国往来比较密切的朝鲜半岛和日本也都有类似于"译长"的官员，史料一般称之为通事。如日本之太宰府内设有专门从事语言翻译的通事，而新罗则曾设过详文师、通文博士和翰林等从事语言翻译的官员。此类官员汉语水平较高，有些具有较好的文学修养，甚至可以和往来的使者吟诗交流，其主要职责是起草奏章、诏书、表文等各种文书。如新罗崔致远就曾担任此类官职，并先后代新罗宪康王、定康王、真圣王及孝恭王撰写了《新罗贺正表》《嗣位表》《起居表》《谢嗣位表》《谢恩表》《谢不许北国居上表》《谢赐诏书两函表》《遣宿卫学生首领等人入朝状》《奏请宿卫学生还蕃状》《新罗王与唐江西高大夫湘状》等外交文书。⑤ 而日本旅唐学问僧圆仁的《入唐求法巡礼行记》中所载的日本第十八次遣唐使所携带的"大国书二封"，也有可能是日本太宰府通事按日本天皇的意思所

---

① 《汉书》卷96《西域传》，第3875~3921页。
② 《汉书》卷96《西域传》，第3928页。
③ 《汉书》卷88《西域传》，第2909页。
④ 《新唐书》卷100《裴矩传》，中华书局，1975，第3929页。
⑤ 党银屏：《唐与新罗文化关系研究》，中华书局，2007，第135页。

写的。

通过以上文献考辨，不难看出从事语言翻译的译语人是东亚通交中不可或缺的媒介，与各类跨区域交往活动相伴始终，其在东亚诸史籍文献中以繁多异称的形式呈现。究其原因，有四个方面：一是自春秋战国以至秦，先是礼崩乐坏，后有焚书坑儒，以致周失其礼，"像胥"之称不复使用，后世典籍在记录译语人时，各按其专，再无统一标准；二是自董仲舒杂糅百家创"春秋一统"之新儒学，汉武帝"罢黜百家，独尊儒术"以来，儒家经义以外皆为下品，中原文化以外皆为蛮夷，不得入流，自此译语人多以"蛮夷"充任，作用虽大，但职位不高，这就造成译语人来源纷杂，社会层次参差不齐，称谓自然也就更加随意；三是官史壅蔽，只重帝王将相，许多在东亚通交中起过重要作用的译语人多被隐藏于历史事件的背后，只以方言俚语代称实际人物，方言俚语每域不同，各类称谓亦随之繁杂；四是译语人本身身份的多重性，使得其具体称谓亦多有不同。

五 余论：东亚译语人的存在及价值

通过对东亚译语人相关问题的梳理可以看出，译语人长期、广泛地活跃于东亚各个区域之中，是东亚交流中不可或缺的重要群体，在不同时期、不同社会层面均显示出重要价值。

首先，活跃在东亚地区的译语人伴随东亚区域交流之始终，且随着交流区域的不断拓展，规模不断壮大，主体不断变化。通过对译语人的教育及养成过程的梳理，我们不难看出，译语教育起于周制，历代皆有，不曾断绝。及至元明清之时，译语教育制度更加成熟，教师的遴选、学生的选拔、学成之人的任用皆有规章。而随着中国疆域的拓展，译语人的来源也由早期的"寄""象""狄鞮""译"所指代的黄河流域周边的蛮夷部族，逐渐扩展为朝鲜半岛、日本等海外地区。这些变化说明了东亚汉文化圈的不断拓展和东亚区域融合不断向纵深方向发展。

其次，有关译语人的记录散见于诸多史籍，异称繁多，这恰恰说明译语人是东亚地区最活跃、流动性最大一个群体，是东亚长期共存的见证者、多元共融的推动者。尽管主体有所变化，但在东亚区域中始终有译语人身影的存在，这就说明东亚地区始终处于多民族共存的多元状态。译语人主体的变化也在一定程度上见证了东亚区域内民族活动主体的兴衰。与此同时，译语人也是沟通各个族群不可或缺的行动主体，对各民族间增进互信，各政权间化解矛盾，建立友好和谐的区域关系，实现区域共融共存起到了重要作用。他们也为相对封闭的东亚各区域带去了彼此的发展信息，推动了先进生产工具和生产技术的传播，推动了以儒家文化为主体的多元文化的区域间传播。

最后，活跃于大漠边疆和风涛沿海的译语人，以其不畏山高路险，乘风破浪、勇敢前行的冒险精神和开拓意识，给东亚的交流与交融提供了沟通的前提。他们体现了东亚人民在面对生活和磨难时的无畏态度。在具体的职司中，他们上助使者达于远邦，下怜平民捎信问安，行进中徙贵就贱，贸易营利，为以农耕为主体的东亚各地区民众带去所需的商品的同时，也增进了彼此之间的了解与互信。

A Study of Translators in East Asia Regional Exchanges

Chen Jianhong , Miao Wei

Abstract   Translators are indispensable intermediaries in East Asian traffic. Due to the limitation of official history books in the Chinese cultural circle, the historical events of the translators are scattered in the historical books sporadically, with complicated appellations and multiple responsibilities. They come from different tribes, and their functions involve translators, messengers, guides and many other roles. The education and cultivation of the translators needed by the Central Plains Dynasty for itself and the surrounding regimes run through the whole process of historical development and are constantly improving. This group is active in every link of East Asian traffic and runs through the historical development of East Asia. It not only builds a bridge for regional exchanges in East Asia, but also promotes the understanding and integration of East Asia. It is an important element of regional integration in ancient East Asia.

Keywords   Translator; Siyi; East Asia

复旦大学《韩国研究论丛》
征稿启事

《韩国研究论丛》为复旦大学韩国研究中心主办的学术集刊，创刊于1995年，一直秉承"前沿、首创、权威"的宗旨，致力于朝鲜半岛问题研究，发表文章涉及朝鲜半岛问题研究的各个领域。

2005年，《韩国研究论丛》入选 CSSCI 首届来源集刊，2014年再次入选 CSSCI 来源集刊，并进入全国邮政发行系统。自2019年起每年出版四辑。

《韩国研究论丛》用稿涵盖朝鲜半岛问题各研究领域，设置三个专题栏目：（一）政治、外交与安全；（二）历史、哲学与文化；（三）社会、经济与管理。

投稿时请注意学术规范。

（一）原创性论文。本刊论文出版前均经学术不端检测，有条件者请自行检测后投稿。同时，在本刊发表之前，不得在其他出版物上（含内刊）刊出。

（二）文章格式严格遵循学术规范要求，如中英文标题、摘要（200字以内）和关键词及作者简介（姓名、籍贯、工作单位、职务及职称、研究领域）；基金项目论文，请注明下达单位、项目名称及项目编号等。

（三）论文一般不超过10000字。

（四）稿件均为 Microsoft office word 文档（不接受其他格式文档），注释采用脚注形式，每页重新编号，注释序号放在标点符号之后。因需要分发审阅，不再接受纸质版论文。所引文献需有完整出处，如作者、题名、出版单位及出版年份、卷期、页码等。网络文献请注明完整网址。

（五）《韩国研究论丛》编辑部根据编辑工作的需要，可能对来稿文字做一定删改，不同意删改者请在投稿时注明。

（六）编辑部信箱：cks@ fudan. edu. cn，电话：021 - 65643484。

本刊将继承和发扬创刊以来形成的风格，注重学术性、前沿性、创新性、时代性，依托复旦大学，面向世界，努力反映当前最新研究成果。欢迎国内外同行不吝赐稿。

《韩国研究论丛》编辑部
复旦大学韩国研究中心

图书在版编目（CIP）数据

韩国研究论丛．总第三十七辑，2019 年．第一辑／
复旦大学韩国研究中心编．－－北京：社会科学文献出版
社，2019.6
（复旦大学韩国研究丛书）
ISBN 978 - 7 - 5201 - 4997 - 6

Ⅰ.①韩…　Ⅱ.①复…　Ⅲ.①韩国 - 研究 - 文集
Ⅳ.①K312.607 - 53

中国版本图书馆 CIP 数据核字（2019）第 110642 号

·复旦大学韩国研究丛书·

韩国研究论丛　总第三十七辑（2019 年第一辑）

编　　者／复旦大学韩国研究中心

出 版 人／谢寿光
责任编辑／许玉燕
文稿编辑／郑彦宁

出　　版／社会科学文献出版社·期刊分社（010）59366550
　　　　　地址：北京市北三环中路甲 29 号院华龙大厦　邮编：100029
　　　　　网址：www.ssap.com.cn
发　　行／市场营销中心（010）59367081　59367083
印　　装／三河市尚艺印装有限公司

规　　格／开　本：787mm × 1092mm　1/16
　　　　　印　张：12　字　数：201 千字
版　　次／2019 年 6 月第 1 版　2019 年 6 月第 1 次印刷
书　　号／ISBN 978 - 7 - 5201 - 4997 - 6
定　　价／89.00 元